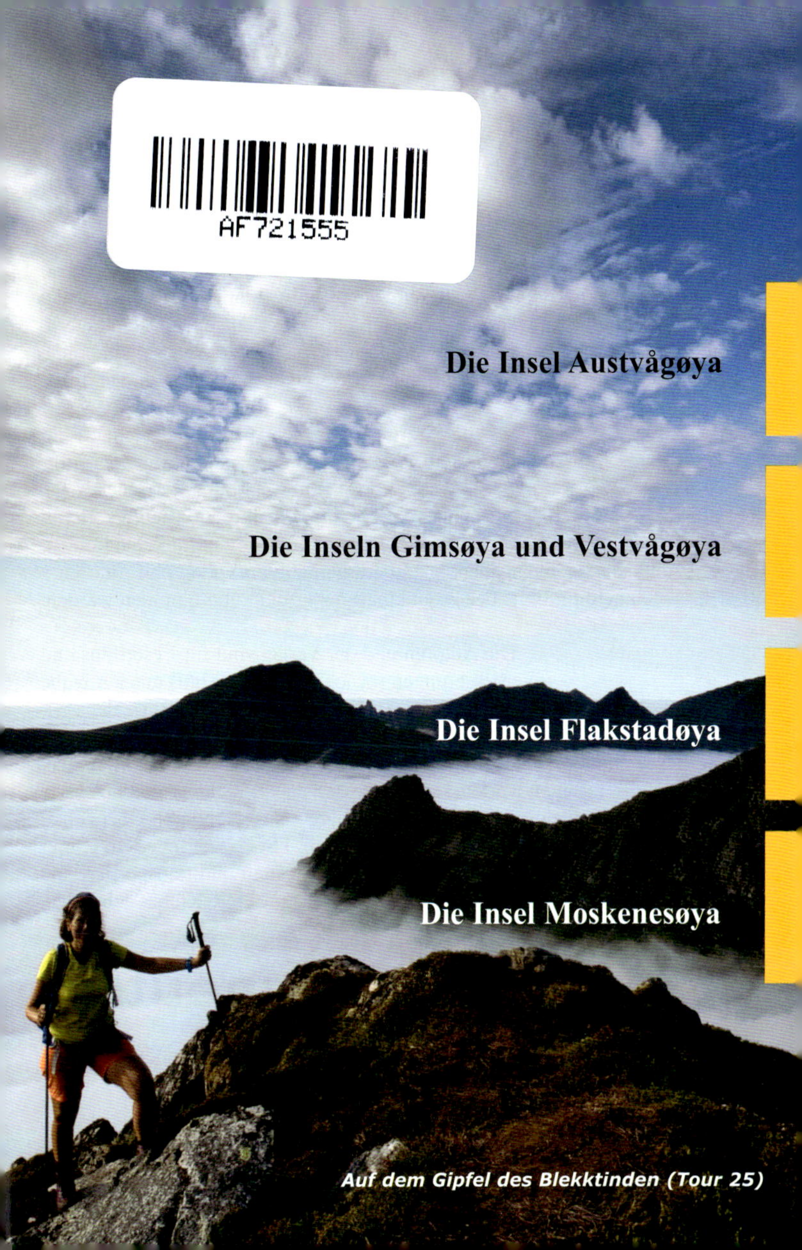

Die Insel Austvågøya

Die Inseln Gimsøya und Vestvågøya

Die Insel Flakstadøya

Die Insel Moskenesøya

Auf dem Gipfel des Blekktinden (Tour 25)

Lofoten

Die Autoren und der Verlag sind für Lesertipps und Verbesserungen (besonders per E-Mail) unter Angabe der Auflagen- und Seitennummer dankbar.

Dieses OutdoorHandbuch hat 160 Seiten mit 70 farbigen Abbildungen, 34 farbigen Kartenskizzen im Maßstab 1:50.000/1:75.000 sowie 34 farbigen Höhenprofilen und einer farbigen, ausklappbaren Übersichtskarte. Es wurde auf chlorfrei gebleichtem, FSC®-zertifiziertem Papier gedruckt in Deutschland klimaneutral hergestellt und transportiert und wegen der größeren Strapazierfähigkeit mit PUR-Kleber gebunden.

FSC
www.fsc.org
MIX
Papier aus verantwortungsvollen Quellen
FSC® C009051

Klimaneutral
Druckprodukt
ClimatePartner.com/10951-2106-1012

Dieses Buch ist im Buchhandel und in Outdoor-Läden erhältlich und kann im Internet oder direkt beim Verlag bestellt werden.

OutdoorHandbuch aus der Reihe „Regional“, Band 422

ISBN 978-3-86686-576-1 1. Auflage 2021

Text und Fotos: Markus und Janina Meier
Karten: Dieter Großelohmann
Lektorat: Anna-Lena Ebner
Layout: Ricarda Kuschma

Gesamtherstellung: gutenberg beuys feindruckerei

Dieses OutdoorHandbuch wurde konzipiert und redaktionell erstellt vom:

Conrad Stein Verlag GmbH,
Kiefernstr. 6, 59514 Welver,
☏ 023 84/96 39 12,
info@conrad-stein-verlag.de,
www.conrad-stein-verlag.de

Besuchen Sie uns bei Facebook & Instagram:

www.facebook.com/outdoorverlag

www.instagram.com/outdoorverlag

Titelfoto: Tiefblick vom Reinebringen (Tour 32)

Inhalt

Die Insel Moskenesøya 127

Wandern auf den Lofoten

Die Lofoten waren für uns schon immer eines unserer Wunschziele zum Wandern. Dementsprechend begeistert waren wir, als wir erstmals eine Wanderreise auf die Inseln planten.

Unsere Träume wurden sogar noch übertroffen: Die Berge auf den Inseln bieten jede Menge Potenzial zum Erkunden und Entdecken. Wir stellen Ihnen in diesem Buch 34 Tageswanderungen vor. Aber selbst diese Wanderungen sind nur ein kleiner Ausschnitt von den Tourenmöglichkeiten, die es auf den Inseln gibt. Wir sind überzeugt, dass wir eine schöne Auswahl getroffen haben, die für mehr als einen Lofotenurlaub reicht. Sie finden in diesem Buch Wanderungen unterschiedlicher Schwierigkeitsgrade und Längen mit einer ausgewogenen Verteilung auf den Hauptinseln. Auf diese haben wir uns nämlich konzentriert: Austvågøya, Gimsøya, Vestvågøya, Flakstadøya und Moskenesøya. Bewusst verzichteten wir auf Værøy, da eine Überfahrt mit der Fähre einiges an Zeit kostet und wir uns lieber auf die Inseln konzentrieren, die Sie bequem auf der E10 mit dem Auto erreichen können.

Im Mittelpunkt unserer Auswahl stehen Gipfelziele, die immer wieder fantastische Ausblicke auf die umliegenden Berge, das Meer und teilweise sehr einsame Fjorde bieten.

Besonders begeisterten uns die langen Tage im Sommer. Es ist schon ein einzigartiges Erlebnis, am Abend noch einmal auf eine Wanderung aufzubrechen und im Schein der Mitternachtssonne auf einem Gipfel zu sitzen.

Austvågøya ist die größte Insel der Lofoten. Bevor Sie Austvågøya betreten, müssen Sie auf der E10 die wirklich spektakuläre Meerenge Raftsund zwischen den Lofoten und den Vesterålen überqueren. Die Meerenge ist ca. 20 km lang und zwischen 3,4 km und 220 m breit. Die Hurtigruten durchfahren den Raftsund jeden Tag zweimal. Sensationell sind die hoch aufragenden Bergwände entlang des Sunds. Ein Seitenarm des Sunds ist der berühmte Trollfjorden, in den man nur mit einem Schiff gelangen kann. Erst 1998 wurde die imposante Brücke eröffnet.

Austvågøya ist die östlichste Insel der Lofoten. Interessant ist, dass es kommunal und geografisch einen Unterschied gibt. Der nördlichste Teil der Insel wird von der Gemeinde Hadsel verwaltet, die zur Inselgruppe der Vesterålen gehört. Wir wählten für dieses Buch den südlichen Teil aus, der auch politisch zu den Lofoten gezählt wird. Auf der Insel befindet sich mit dem Higravstinden (1.146 m) der höchste Berg der Lofoten. Diesen Berg haben wir allerdings nicht in unser Buch aufgenommen, da er die Anforderungen einer Wanderung deutlich übersteigt. Auch den Vågakallen, ein mächtiges Massiv im Südwesten der Insel, werden Sie nicht finden, da auch hier anspruchsvolles Klettergelände zu bewältigen ist. Dafür können Sie den Berg aber von ein paar umliegenden Gipfeln gut bewundern. Wir konzentrieren uns in diesem Buch auf eine Tourenauswahl mit unterschiedlichen Charakteren. Da gibt es zwei recht einfache und eher kürzere Ausflüge, einen zum Glomtinden (Tour 5) und einen zum Svarttinden (Tour 8). Der Glomtinden ermöglicht Ihnen einen nahen und schaurig-schönen Blick auf den Vågakallen, während Sie vom Svarttinden hinüber zur Insel Gimsøya blicken. Die Wanderung zur Kleppstadheia (Tour 6) ist ebenfalls eher einfach; erweitern Sie den Tag noch und steigen Sie zudem auf den Kvasstinden, haben Sie eher mittelschwere Bedingungen zu bewältigen. Bitte beachten Sie, dass auf den Lofoten „mittelschwer" für den im Gebirge Unerfahrenen schon eine echte Herausforderung sein kann. Der Gipfel nahe Svolvær, der Kongstindan (Tour 3), eine kurze, aber eher anspruchsvolle Tour, bietet einen Panoramablick hinunter zur Stadt und hinüber zu den bekannten Gipfeln Svolværgeita und Fløya. Eine mittelschwere Wanderung bei Kabelvåg bringt Sie zum Varden (Tour 4) mit einem schönen Blick über das Meer und Fischerörtchen. Auch die lange und einsame Besteigung des Kroktinden (Tour 7) ist mit mittelschwer bewertet. Hier blicken Sie vom Gipfel in einen recht einsamen Fjord hinunter. Immer wieder gibt es große Landschaftsbereiche ohne Besiedelung und ohne Straße. An manchen Stellen gab es hier früher einmal Siedlungen, die nur mit dem Boot erreicht werden konnten. Häufig verließ man diese im Zuge der Elektrifizierung, sodass Sie heute dort nur Ruinen finden würden – allerdings benötigt man für den Zugang zu Fuß mehr als einen Tag.

Im südlichen Teil liegt die Hauptstadt der Lofoten, Svolvær, die erst im 19. Jahrhundert mit der Erfindung der motorbetriebenen, größeren Boote ein wichtiger Handelsort wurde. Der Name leitet sich vom samischen Wort spållavuolle („Inseldorf") ab. Die bekannten Berge um Svolvær sind die „Felsenziege" Svolværgeita und die Fløya, die dieser Führer allerdings nicht besucht, sondern nur als Fotomotiv nutzt. Svolvær besitzt etwas mehr als 4.000 Einwohner. Hier können Sie nette Cafés und Restaurants besuchen, schöne Unterkunftsmöglichkeiten sowie diverse Supermärkte nutzen. Die Stadt ist ein guter Ausgangspunkt für Aktivitäten auf der Insel.

Im Norden befindet sich der kleine Ort Laukvik, der vor allem durch sein Polarlichtmuseum bekannt geworden ist. Überhaupt könnten Sie in den Wintermonaten an der Nordküste dieses Naturereignis wunderbar beobachten. Allerdings sind dann die Wanderungen nicht möglich. Dort kann der geübte Bergsteiger zwei großartige, aber schwerere Touren unternehmen. Da ist zum einen die lange Gratüberschreitung an der Matmora (Tour 1) mit einem perfekten Panorama. Zum anderen wartet der Rundfjellet (Tour 2) auf einen Besuch, bei dem Sie herrliches Blockwerk überkraxeln dürfen und einen großartigen Blick auf den Higravstinden erhalten.

Im Süden am Meer liegen die malerischen Fischerdörfer Kabelvåg und Henningsvær, die Sie unbedingt besuchen sollten, zumindest am Ende Ihrer Wanderung zu Kaffee und Kuchen.

Fahren Sie auf der E10 weiter, so spannt sich bei Kleppstad eine Brücke über den Gimsøystraumen hinüber nach Gimsøya, einer eher kleineren Insel der Lofoten. Sie ist mit 46,4 km² verhältnismäßig klein. Im Gegensatz zu den Nachbarinseln ist sie auch ziemlich flach, denn sie besitzt nur eine Gebirgskette, dafür aber im Norden einen recht schönen Strand. Auf dieser kleinen Insel können Sie zwei Gipfel besuchen, die tatsächlich leicht zu besteigen sind. Auf dem Storknubben (Tour 9) blicken Sie zum Wahrzeichen von Gimsøya, dem Hoven, dessen Besteigung im Tipp der Tour 9 beschrieben ist, und zurück nach Austvågøya. Die E10 verlässt Gimsøya auch ganz schnell wieder und überquert den kleinen Sundklakkstraumen und schon erreichen Sie Vestvågøya, die zweitgrößte der Lofoteninseln.

Weiter westlich liegt Vestvågøya, neben Austvågøya die zweite Hauptinsel der Lofoten. Sie ist die bevölkerungsreichste Insel der Inselgruppe und beherbergt mit Leknes die zweitgrößte Stadt auf den Lofoten. Vestvågøya hat eher einen weitläufigen Charakter, punktet aber auch mit großen Bergen wie den Himmeltindan und den Haveren. Der herrliche Himmeltindan im Westen ist mit seiner NATO-Radarstation auf dem Hauptgipfel weithin sichtbar.

Das Wikingermuseum besuchen Sie bei Borg. Die Surfergebiete von Eggum und Unstad sind wirklich spektakulär, auch die Strände in Haukland und in Uttakleiv sind eine Sensation.

Vestvågøya nannte man in früheren Zeiten „Lofotr", daher stammt ursprünglich der Begriff für die Inselgruppe, der sich „Luu-fuuten" ausspricht. Die Endung -en bezeichnet im Norwegischen den männlichen Artikel, weshalb Lofoten eigentlich „der Lofot" bedeutet. Lofotr wird häufig übersetzt mit „Luchsfuß" (ló fótr), was allerdings unwahrscheinlich ist. Deutlich sinnvoller scheint die Übersetzung „Ebene zu Füßen des Berges" (lo fot), denn das passt auch perfekt zu Vestvågøya.

Obwohl Vestvågøya eher weitläufig ist, gibt es hier großartige Berge zu besteigen. Wir haben elf Gipfeltouren auf dieser Insel ausgewählt. Zwei

Am Gipfeldach des Haveren (Tour 11)

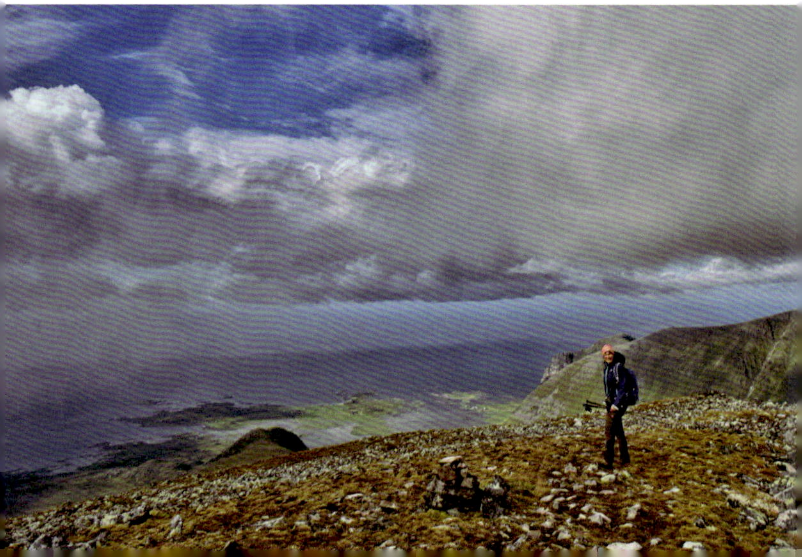

einfache Touren führen Sie zum einen ganz im Osten bei Moland auf den Varden (Tour 14) und zum anderen eher im Zentrum der Insel auf die Finnkjerka (Tour 15). Sieben mittelschwere Wanderungen stehen auf Vestvågøya zur Auswahl. Da ist zum einen ganz im Norden der Gratweg auf den Middagstinden (Tour 10) und gleich noch zum großen Nachbarn, dem majestätischen Haveren (Tour 11). Vom großen See Lyngedalsvatnet können Sie dem Hellostinden (Tour 13) einen Besuch abstatten und idyllische Einsamkeit genießen. Der Blåtinden (Tour 16) steht ziemlich zentral auf der Insel und vom Gipfel kann der Blick weit schweifen. Vom nordwestlich gelegenen Strand bei Unstad zieht ein herrlicher Grat hinauf zum Nonstinden (Tour 17). In der Nähe der größten Stadt Vestvågøyas, Leknes, unternehmen Sie eine verwunschene Tour auf den Guratinden und den Bulitinden (Tour 18). Und vom kleinen Ort Ballstad ganz im Süden wandern Sie auf den Breitinden (Tour 20) und bewundern den Blick zur schaurigen Steilwand des Skottinden und hinunter zum Nappstraumen, der Vestvågøya von Flakstadøya trennt.

Auch zwei schwere Touren finden sich hier. Sehr eindrucksvoll ist die Überschreitung des Gratweges vom Pass Einangen nach Mortsund (Tour 19). Etwas abenteuerlich dagegen ist die Besteigung des Håtinden über seinen Blockgrat (Tour 12).

Flakstadøy war lange Zeit das Zentrum der Inselgruppe. Die verhältnismäßig schmale Insel besitzt im Norden bei Ramberg einen Traumstrand. Ein Gebirgsmassiv durchzieht die Insel von Nord nach Süd.

Zuerst unterfahren Sie im Tunnel von 1990 den breiten Nappstraumen, der Vestvågøya von Flakstadøya trennt. Die Insel ist von Nord nach Süd recht lang gezogen und besitzt drei wunderbare Fjorde: im Süden den Nusfjorden am hübschen Fischerdorf Nusfjord, ein absoluter Touristenmagnet, den Skjellfjorden und im Norden den Flakstadpollen. Der Traumstrand der Lofoten schlechthin befindet sich bei Ramberg auf Flakstadøya.

Auf der Insel stellen wir Ihnen sechs Wanderungen vor. Auf einer einfachen und gemütlichen Tour im Westen von Flakstadøya besuchen Sie die Hestræva (Tour 25), die Sie als erfahrener Bergsteiger noch ausbauen können, indem Sie auf einem schweren Steig den Blekktinden besuchen

(Variante Tour 25). Auf einem nur an einer Stelle mittelschweren Pfad geht es auf die Nesheia (Tour 21) oberhalb von Nusfjord mit grandiosem Blick auf den Nappstraumen und den Skottinden. Ganz im Süden wandern Sie mittelschwer wie früher die Fischer auf dem Küstenweg von Nesland nach Nusfjord (Tour 22). Ganz im Norden unternehmen Sie eine mittelschwere Rundtour auf den Hustinden (Tour 24) und im Westen auf die beiden Gipfel Volandstinden und Nesfjellet (Tour 26). Neben der schweren Variante auf den Blekktinden bietet Flakstadøya dem ambitionierten und erfahrenen Bergsteiger mit der Tønsåsheia ein echtes Schmankerl (Tour 23), das zusammen mit Tour 22 eine grandiose Rundtour ergibt.

Moskenesøya ist die westlichste Insel in unserem Buch. Sie ist eine sehr wilde Insel mit einsamen Buchten und Fjorden und steilen und felsigen Bergmassiven. Die E10 führt über den Kakersundet bis in das kleine Örtchen Å i Lofoten . Hier endet die E10 nach einem Tunnel und damit auch die Tourenauswahl in unserem Buch.

Einfache Touren haben wir aufgrund der Wildheit dieser Insel nicht aufgenommen. Natürlich erfordern einige Teilabschnitte aber wenig vom Wanderer. Suchen Sie nach einer einfachen Tour, können Sie beispielsweise den direkten Weg zur Bucht Kvalvika (Rückweg von der Bucht bei Tour 28) von der Straße aus nutzen. Ebenso ist der direkte Zugang von Vinstad zum Strand Bunes einfach (Tour 31). In beiden Fällen lassen Sie einfach die Gipfel aus.

Mittelschwere Touren bietet Moskenesøya einige: Ganz im Norden wandern Sie von Yttersanden bei Fredvang über einen Gratweg zum Gipfel des Røren und weiter hinunter in die idyllisch einsame Bucht Stokkvika (Tour 27). Ohne den Abstieg in die Bucht ist die Wanderung sogar eher einfach.

Ein Stückchen weiter auf der Straße nach Süden Richtung Selfjord können Sie eine herrliche Runde über den Gipfel des Ryten zur malerischen und gern besuchten Bucht Kvalvika unternehmen (Tour 28). Direkt von Selfjord führt Sie eine grandiose Tour in die einsame Region zwischen dem Selfjorden und dem Kjerkfjorden und auf den Gipfel des Markan (Tour 29).

Von Reine starten Sie mit dem Schiff nach Vinstad und erklimmen den Brunakseltinden mit seiner wunderbaren Aussicht und spazieren zum geschützten und schönen Strand Bunes (Tour 31). Über Reine besuchen Sie mit dem Reinebringen **die** Aussichtsloge schlechthin (Tour 32). Weiter die E10 entlang kommen Sie nach Süden und können eine großartige Gipfelrunde von Sørvågen aus auf die Gipfel Merraflestinden, Gylttinden und Kollfjellet (Tour 33) unternehmen. Zuletzt besteigen Sie ganz im Süden den wilden Andstabben (Tour 34) über dem malerischen Dorf Å i Lofoten.

Die schwierige Tour auf Moskenesøya führt Sie zum selten besuchten Narvtinden (Tour 30). Ein grandioses Unternehmen, das nicht unterschätzt werden sollte.

Alle Touren enthalten Hinweise darauf, ob die Strecke auch für Kinder und Hund geeignet ist. Buggytouren finden sich auf den Inseln leider nicht.

Viele Wanderungen sind gemessen an den Kilometern relativ kurz. Das hängt vor allem damit zusammen, dass die Berge teilweise gleich vom Ausgangspunkt aus steil in die Höhe ragen. Die Tourenlänge darf also nicht darüber hinwegtäuschen, dass die Touren trotzdem ziemlich anstrengend sein können. Trotzdem bietet sich bei vielen Wanderungen noch gut die Möglichkeit, die Inseln ein wenig zu erkunden und sich einen gemütlichen Nachmittagskaffee zu gönnen. Anders als z. B. in den Alpen gibt es aber auf den Touren eher selten eine Einkehrmöglichkeit, deshalb haben wir bei jeder Tour die nächste Möglichkeit für eine Einkehr bei Kaffee und Kuchen angegeben. Häufig bieten die Cafés in Norwegen die Möglichkeit eines kostenlosen Auffüllens der Kaffeetasse, sodass im Vergleich zu einem Restaurantbesuch die Erholung bei Kaffee und Kuchen sogar günstig sind.

Wir wünschen den Lesern, dass sie von ihrem Urlaub auf den Lofoten genauso begeistert nach Hause kommen wie wir. Diese Wanderberge in einer großartigen Landschaft mit den vielen Ausblicken auf das Meer und die Fjorde haben uns regelrecht in ihren Bann gezogen.

Markus und Janina Meier

Reise-Infos

Anreise

Flugzeug

Am schnellsten gelangen Sie mit dem Flugzeug auf die Lofoten. Hierfür gibt es verschiedene Möglichkeiten. Ein beliebter Flughafen ist Narvik/Evenes. Dieser wird von Deutschland über Oslo angeflogen. Wir mussten allerdings das Gepäck in Oslo abholen und neu aufgeben, das empfanden wir als ziemlich nervig. Zumal die Zeit in Oslo dadurch wirklich recht knapp wird. Vom Flughafen Narvik/Evenes fahren Sie in nur 2 Stunden 30 Minuten mit dem Mietwagen nach Svolvær.

Eine weitere Möglichkeit ist der Flug nach Schweden, genauer gesagt nach Kiruna. Die Verbindung über Stockholm klappt ganz gut. Zudem sind die Flüge nach Schweden und der Mietwagen meistens etwas günstiger als in Norwegen. Die Verbindungen nach Oslo bzw. Kiruna laufen über die Lufthansa und SAS.

Sie können auch nach Leknes bzw. Svolvær direkt auf die Lofoten fliegen. Meistens müssen Sie dafür neben Oslo noch in Bodø umsteigen. Die Flüge sind meist auch etwas teurer als die Flüge nach Narvik/Evenes bzw. Kiruna.

Auto und Fähre

Natürlich können Sie mit dem eigenen Auto auf die Lofoten reisen. Hierzu reisen Sie erst einmal nach Kiel an die Ostsee, um dann mit der Fähre nach Oslo überzusetzen. Anschließend erwartet Sie die lange Fahrt über das norwegische Festland bis nach Bodø. Mit der Fähre setzen Sie dann nach Moskenesøya über und können nun mit dem eigenen Auto die Inselkette erkunden. Besonders empfehlenswert ist das mit einem Wohnmobil. Für die Anreise benötigen Sie allerdings fast eine Woche, was unbedingt zeitlich bei der Urlaubsplanung berücksichtigt werden muss.

Informationen zur Fähre nach Moskenesøya finden Sie unter 💻 www.torghatten-nord.no. Für die komplette Fährbuchung empfiehlt sich das Buchungsportal 💻 www.directferries.com.

Unterkünfte

Für den Urlaub auf den Lofoten bieten sich Ferienwohnungen an – diese gibt es mit unterschiedlichsten Ausstattungsniveaus. Da Restaurants auf den Inseln sehr teuer sind, ist eine Ferienwohnung eine gute Variante, sich selbst zu verpflegen.

Da gibt es z. B. die Rorbuers, alte Fischerhüttchen direkt am Meer. Diese sind meistens auch nicht gerade günstig, bestechen aber durch eine traumhafte Lage und das heimelige Ambiente. Aber auch weitere Ferienwohnungen auf den Inseln gibt es zuhauf. Wir waren in folgenden Unterkünften, die wir empfehlen können:

Auf Austvågøya:

▷ **Lysvoldbrygga in Henningsvær.** Nettes Bed & Breakfast mit grandiosem Frühstück, gemütliche, einfache Zimmer mit Gemeinschaftsbad, Sauna im Haus vorhanden

♦ Saltværingsveien 27, Brygge, Henningsvær, ☏ +47/92 89 27 10, 💻 www.lysvoldbrygga.no, ✉ post@lysvoldbrygga.no

Auf Vestvågøya:

▷ **Ure Rorbuutleie** in Sennesvik. Gut ausgestattete Ferienhütten in absolut ruhiger Lage

♦ Ureveien 315, Sennesvik, ☏ +47/91 74 00 02, 💻 www.facebook.com/lofotenurerorbuutleie

▷ Auf dieser Insel waren wir in mehreren Unterkünften des Anbieters Lofoten Vacation. Der Kontakt mit dem Anbieter war sehr angenehm und die Unterkünfte können wir sehr empfehlen.

♦ **Lofoten Vacation**, Sandveien 35, Bøstad, ☏ +47/41 13 09 44, 💻 www.lovac.no, ✉ post@lovac.no

Auf Gimsøya:

▷ **Lofoten Link Lodges**. Auf dem Golfplatz bei Hov gibt es sehr schöne Lodges mit Gemeinschaftsküche.

♦ Hov, Gimsøysand, +47/76 07 20 02, 💻 www.lofotenlinks.no, ✉ info@lofotenlinks.no

Auf Flakstadøy:

▷ **Campingplatz in Ramberg**. Hier gibt es kleine, einfache Kabinen in traumhafter Lage am Strand und Platz für Zelte und Wohnmobil.

♦ Ramberg Gjestegård, Kong Olavs veg, Ramberg, ☏ +47/76 09 35 00, 💻 www.ramberg-gjestegard.no, ✍ post@ramberg-gjestegard.no

Auf Moskenesøya:

▷ **Sakrisøy Rorbuer.** Nette, einfache Fischerhütten in traumhafter Lage am Meer

♦ Sakrisøy, Reine, ☏ +47/90 03 54 19, 💻 www.sakrisoyrorbuer.no, ✍ post@sakrisoyrorbuer.no

▷ **Mays Apartments**. Sehr schön ausgestattete Apartments direkt an der Ablegestelle der Fähre in den Reinefjorden

♦ Kirkeveien 26, Reine, ☏ +47/91 32 23 84, 💻 https://www.facebook.com/pages/Mays-Apartments-Reine/1584708938246872

Teilweise haben wir die Apartments auch über 💻 booking.com gebucht – gerade dort, wo es keine Homepage mit Buchungsmöglichkeit gab.

Ist man mit dem Wohnmobil auf den Inseln unterwegs, kann man sich natürlich auch an möglichst schönen Orten wie Parkbuchten hinstellen und dort die Nacht verbringen.

Verkehrsmittel

Wir empfehlen, für das Reisen auf den Lofoten ein Mietauto zu nutzen, zumindest wenn Sie nicht mit dem eigenen Auto angereist sind. Auf der E10, welche die Inseln mit dem Festland verbindet, gelangen Sie schnell auf die Lofoten und zu den Ausgangspunkten der Wanderungen. Natürlich können Sie sich auch ein Wohnmobil mieten und damit die Inseln erkunden.

Ebenfalls gibt es eine Busverbindung von Narvik auf die Lofoten sowie einen Bus, der entlang der E10 die gesamten Hauptorte abfährt. Die Busverbindungen in die Nebenorte sind allerdings ziemlich unregelmäßig, sodass man mit öffentlichen Verkehrsmitteln teilweise ordentlich eingeschränkt ist. Informationen zu den Busfahrplänen finden Sie unter 💻 www.reisnordland.no.

Wanderinfrastruktur

Es gibt auf den Lofoten nur wenige ausgeschilderte und markierte Wanderwege. Sehr häufig bewegen Sie sich auf ausgetretenen Pfaden, die teilweise (je nach Häufigkeit der Begehung) auch einmal undeutlich sind. Vereinzelt erwarten Sie auch weglose Passagen, bei denen Orientierungssinn und der GPS-Track unterstützen. Wir haben die jeweilige Wegbeschaffenheit und Regelmäßigkeit von Markierungen bei jeder Wanderung angegeben. Teilweise sind die Wege auch ziemlich feucht, was entsprechendes Schuhwerk empfehlenswert macht.

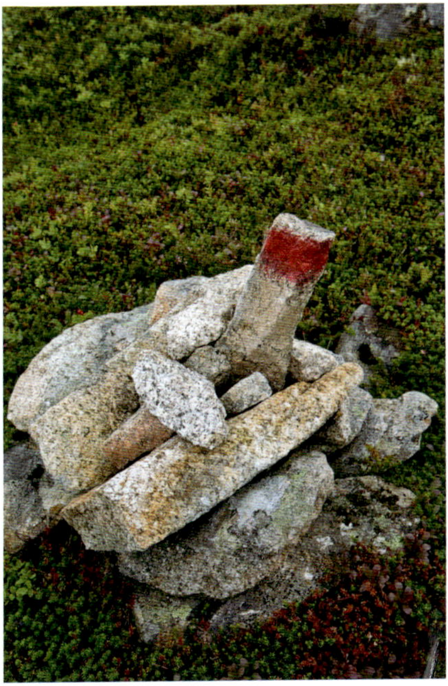

Markierung am Wegesrand

Jedermannsrecht

Das Jedermannsrecht ist das gesetzlich geregelte Recht, sich frei in der Natur bewegen und überall sein Zelt aufstellen zu dürfen. Trotzdem versteht es sich von selbst, dass man rücksichtsvoll und umsichtig ist. Man verursacht keinen Schaden an der Natur und verlässt die Umgebung wieder, wie man sie gerne selbst vorfinden möchte. Wichtig ist auch, dass man einen Mindestabstand von 150 m zum nächsten bewohnten Haus einhält. Weitere Informationen zum Jedermannsrecht finden Sie unter 💻 https://www.visitnorway.de/reiseplanung/reisetipps/jedermannsrecht.

Klima und Reisezeit

Trotz der Lage nördlich des Polarkreises verfügen die Lofoten durch die Ausläufer des Golfstromes über ein relativ mildes Klima. Aber natürlich kann das Wetter sehr wechselhaft sein. Wir hatten in unseren Urlauben sowohl einige Regentage als auch viel Sonnenschein. Durch die exponierte Lage der Inseln kann der Westwind teilweise sehr stark sein. Ideale Reisezeit sind die Monate Mai bis Anfang September, wobei gerade die Zeit von Ende Juni bis Ende Juli zum Wandern sehr zu empfehlen ist. Häufig ist das Wetter im Zeitraum Juni und Juli relativ stabil, während die Sonne teilweise gar nicht untergeht. Zudem hat sich der Schnee zu dieser Zeit von den Berggipfeln zurückgezogen.

Dementsprechend ist folgende Bekleidung auf die Lofoten mitzunehmen: wasserdichte Bergschuhe, lange und kurze Wanderhose, Regenhose,

Die Sonne geht im Juli kaum unter

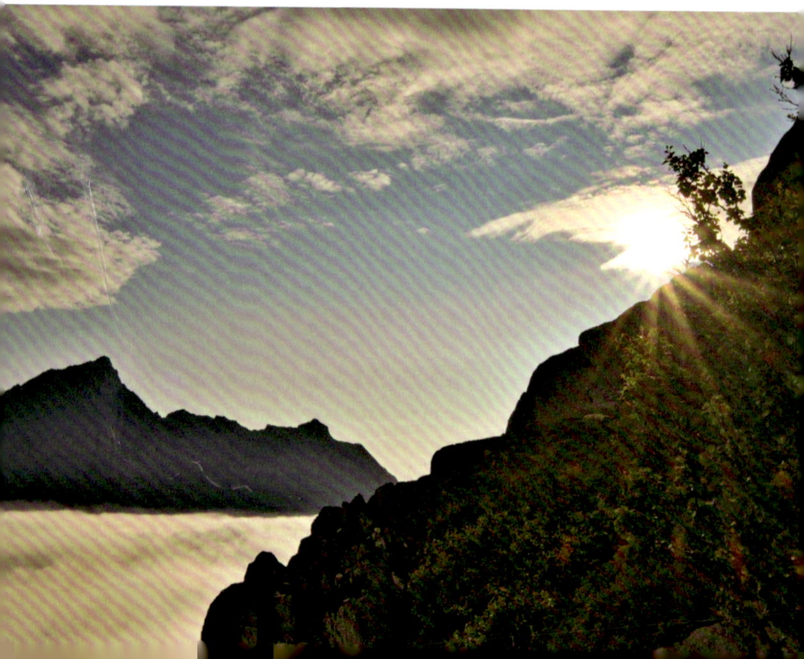

warme Oberbekleidung, Windstopper-Jacke, Regenjacke, Mütze, Handschuhe, Wanderstöcke. Gerade in feuchten Gebieten können auch Gamaschen hilfreich sein.

Geld, Währung

In Norwegen bezahlt man mit norwegischen Kronen. NOK 10 sind ca. € 1. Man benötigt so gut wie kein Bargeld, da man eigentlich immer bargeldlos mit Karte bezahlen kann.

Karten, Literatur und GPS-Tracks

Mithilfe der Wegbeschreibungen und der GPS-Tracks sollten Sie gut zurechtkommen. Es gibt zusätzlich noch gute Wanderkarten von Nordeca, allerdings nur im Maßstab von 1:50.000 (gedruckt auf reiß- und wetterfestem TYVEK), sodass sie für eine genaue Orientierung nicht immer hilfreich sind. Für den Überblick und als Unterstützung zu den Beschreibungen und Tracks können wir die Karten aber empfehlen.

Folgende Karten benötigen Sie für dieses Buch:

- Blatt 2671, Vågan
- Blatt 2673, Vestvågøya
- Blatt 2745, Vest-Lofoten

Außerdem gibt es drei Wanderkarten aus dem schwedischen Calazoverlag im Maßstab 1:30.000, auch gedruckt auf reiß- und wetterfestem TYVEK:

- Høyfjellskart Lofoten: Moskenesøya & Flakstadøya
- Høyfjellskart Lofoten: Vestvågøya-Leknes
- Høyfjellskart Lofoten: Ausvågøya-Svolvær

Als brauchbare Übersichtskarten eignen sich außerdem:

- Lofoten 1:100.000/Værøy 1:50.000 von Frank Brandl, Vertrieb ProjektNord
- Turkart 2549: Lofoten 1:100.000, Nordeca-Verlag

☺ Die Kartenempfehlungen wurden von der Geobuchhandlung Kiel überprüft. 💻 www.geobuchhandlung.de

Um sich noch tiefer mit den Inseln auseinanderzusetzen, empfehlen wir den folgenden Reiseführer aus dem ReiseKnowHow Verlag.

♦ Martin Schmidt, InselTrip Lofoten, ISBN: 978-3-8317-3236-4

Die GPS-Tracks zu den in diesem Buch beschriebenen Wanderungen können Sie unter 💻 www.conrad-stein-verlag.de herunterladen. Suchen Sie dort nach diesem Buchtitel. Unter dem Punkt „GPS-Tracks" lassen sich die Tracks herunterladen. Sie finden die ZIP-Datei anschließend in Ihrem Downloadordner und können sie mit einem Programm wie zum Beispiel Winzip entzippen.

📖 **GPS** *Grundlagen · Tourenplanung · Navigation* von Michael Hennemann, Conrad Stein Verlag, ISBN 978-3-86686-495-5, € 9,90

Wandern mit Kindern

Auf den Lofoten finden sich Wanderungen unterschiedlichen Charakters. Teilweise sind die Wege auf den Touren sehr steil und dann nicht für Kinder geeignet. Es gibt aber auch kürzere Touren, die mit Kindern absolut gut durchgeführt werden können. Manches Plateau lädt zum Spielen ein, das Turnen über Felsblöcke macht Spaß und auch Strände sind willkommene Ziele. Wir haben bei der jeweiligen Tour eine entsprechende Angabe gemacht.

Wandern mit Hunden

Mit Ihrem Hund können Sie auf den Lofoten perfekt wandern. Viele Touren verlaufen über gutes Wandergelände, das ein Hund problemlos absolvieren kann. Viele Bäche laden zum Trinken ein, sodass man sich um das Wasser unterwegs keine Gedanken machen muss. Einzelne Touren sind aufgrund des Geländes (Geröll, Felsstufen) nicht geeignet. Wir haben das bei jeder Wanderung entsprechend angegeben.

Zwischen dem 1. April und 20. August sind Hunde in Norwegen gemäß Gesetz anzuleinen. Durch die Beweidung der Hänge mit Schafen müssen Sie Ihren Hund zudem auf vielen Touren auch außerhalb dieser Zeit anleinen. Zudem sind Sie verpflichtet. den Kot Ihres Hundes wieder einzusammeln.

Folgende Bestimmungen sind bei der Einreise aus einem EU-Land zu beachten:

- ▷ Der Hund muss einen Microchip mit Identifikationsnummer haben.
- ▷ Sie müssen eine mindestens 21 Tage vor Reiseantritt erfolgte Tollwutimpfung nachweisen.
- ▷ Ihr Hund muss einen Heimtierausweis haben.
- ▷ Es muss eine Bandwurmbehandlung erfolgt sein.

Updates

Der Conrad Stein Verlag veröffentlicht Updates zu diesem Buch, die direkt von den Autoren oder von Lesern dieses Buches stammen.

Bitte suchen Sie vor Ihrer Abreise auf der Verlags-Homepage 💻 www.conrad-stein-verlag.de diesen Titel. Unter dem Punkt „Updates" finden Sie alle wichtigen Informationen.

Der rechts abgebildete QR-Code führt Sie direkt zu der richtigen Seite.

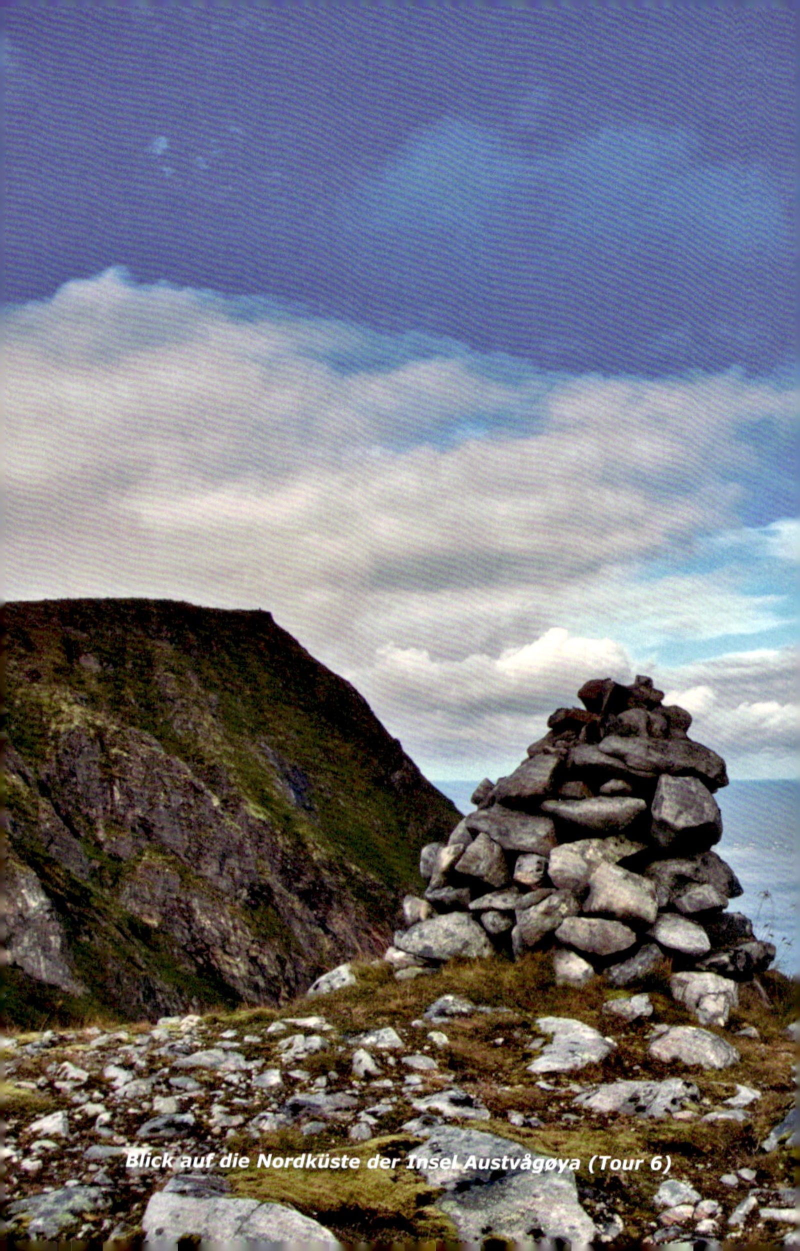

Blick auf die Nordküste der Insel Austvågøya (Tour 6)

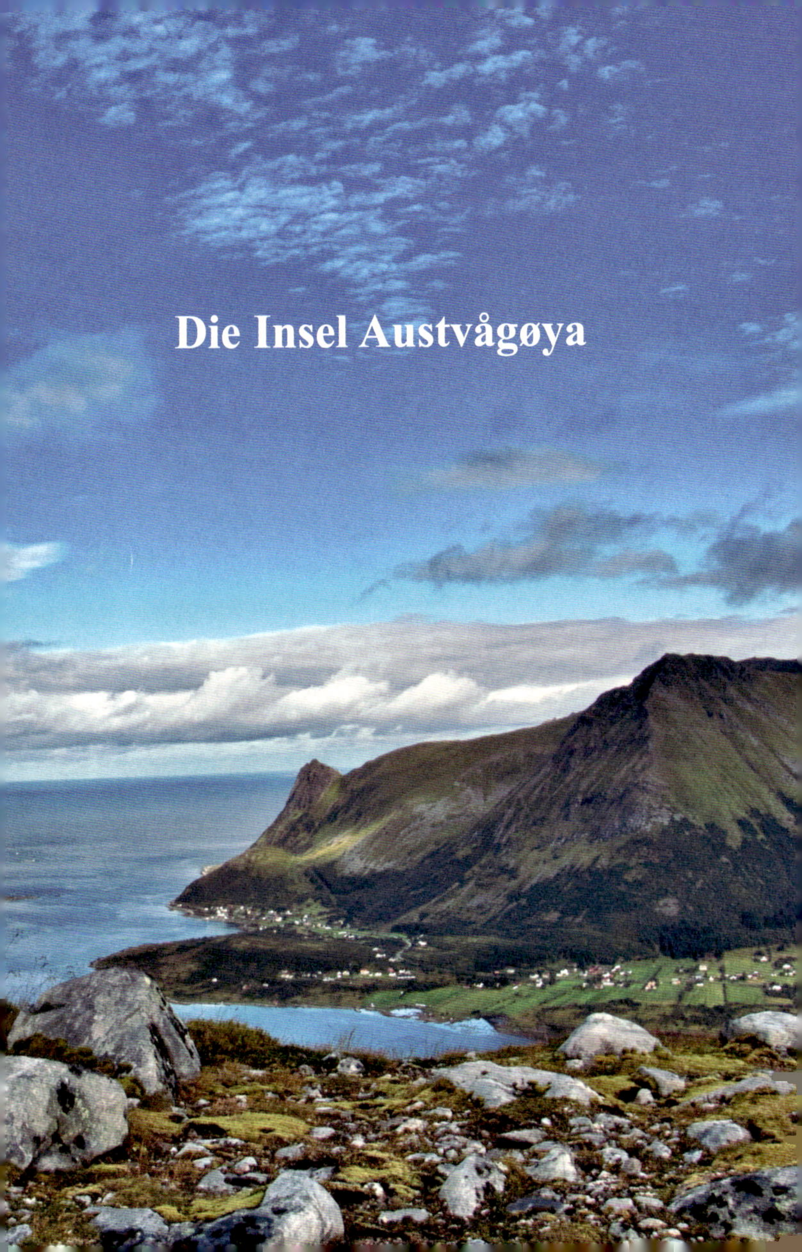
Die Insel Austvågøya

1 Die Überschreitung der Matmora

Tour für Gratliebhaber

Wir starten dieses Buch gleich mit einer der großartigsten Wanderungen auf den Lofoten – die Überschreitung der Matmora. Nach einem steilen, direkten Anstieg erwartet den Wanderer ein traumhaftes Gipfelpanorama. Der Abstieg ist dann ein wirklicher Genuss. Über einen langen, aussichtsreichen Grat wandern Sie mit grandiosem Blick auf das Meer bergab.

→ Start: Parkplatz 2 km nördlich von Sandsletta, GPS N 68°21.577' E 014°29.001'; Ziel: Wanderparkplatz in Delp, 6 km nördlich des Ausgangspunktes, GPS N 68°24.032' E 014°30.222'

8,8 km

5 Std.

↑↓ 728 m/717 m

⇧ 15-743 m

Der Weg ist deutlich mit roten Markierungen und Steinmännchen gekennzeichnet.

guter Steig, der Trittsicherheit erfordert

keine Einkehrmöglichkeiten auf der Tour, stattdessen Einkehr im Café in Laukvik (gut 5 km vom Parkplatz bei Sandsletta)

keine Rastplätze, aber schöne Sitzmöglichkeiten am Gipfel der Matmora (km 3,2) und am Gjersvollheia (km 6,5)

Die Tour ist für Kinder ab 14 Jahren geeignet, die über Bergerfahrung und Trittsicherheit verfügen. Dann macht das Klettern über die Blöcke Spaß.

Der Aufstieg kann mit größeren Hunden unternommen werden. Die Abstiegsroute ist teilweise etwas abschüssig; diesen Weg würden wir nicht für Hunde empfehlen.

P Fahren Sie von der E10 in Richtung Laukvik, 2 km nach Sandsletta zweigt auf der rechten Seite ein Forstweg ab. Sie parken dort, wo dieser wieder in die Straße mündet.

Der Ausgangspunkt ist mit dem Bus nicht erreichbar.

☺ Wer eine kurze, gemütlichere Tour unternehmen möchte, der steigt von Delp (dem Ende dieser Tour) zum Gjersvollheia auf. Die Aussicht ist natürlich nicht so beeindruckend wie von der Matmora, aber immer noch wirklich schön.

☺ Die Rückfahrt zum Ausgangspunkt erfolgt idealerweise per Anhalter. Es ist in der Regel kein Problem, eine Mitfahrgelegenheit zu finden.

Vom Parkplatz folgen Sie kurz dem Forstweg und sehen bald schon ein großes Schild, das in Richtung Matmora weist. Hier beginnt ein gut ausgetretener Steig, der sich in vielen Kehren durch den Wald bergauf schlängelt. Zwischendurch genießen Sie eine herrliche Aussicht auf den Nordpollen und das Meer. Nur die Steigspuren lassen vermuten, dass hier andere Menschen unterwegs sein müssen.

Nach knapp 200 Höhenmetern verflacht sich das Gelände. Sie passieren die Mauerreste einer Hütte und gehen geradeaus weiter. Auf einer freien Lichtung nehmen Sie den nach rechts führenden Weg, der deutlich ausgeprägter ist als die geradeaus ziehenden Steigspuren. Der Weg bringt Sie nun durch die Ebene zu einer weiteren Wegteilung. Ein kleines Schild mit der Aufschrift „Matmora" schickt Sie geradeaus weiter. Einsam und märchenhaft ist die Umgebung. Sie wandern weiter durch das verwunschene Tal.

Grandiose Aussicht an der Matmora

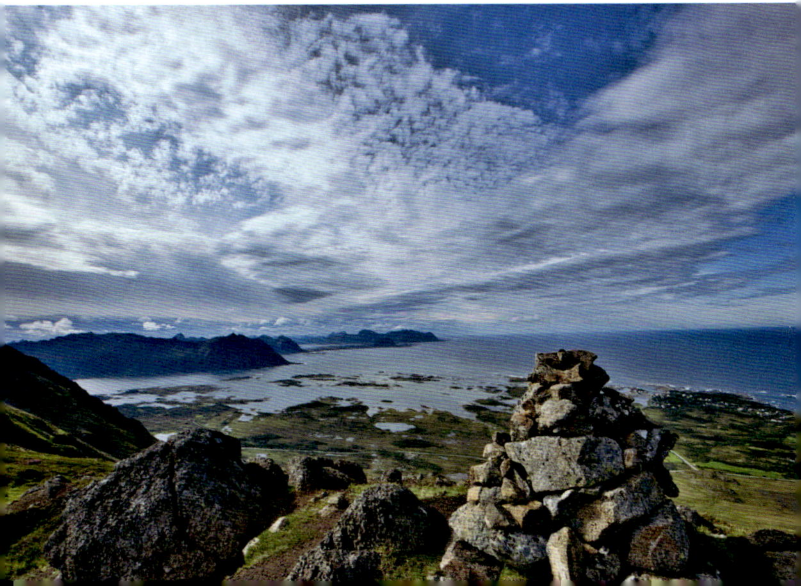

Bald schon erhaschen Sie einen wunderschönen Blick auf den einsamen See Rangeldalsvatnet. Sie genießen die Stimmung und erwarten sicher schon bald, dass ein paar Feen oder Trolle hinter den kleinen Bäumen hervorblitzen.

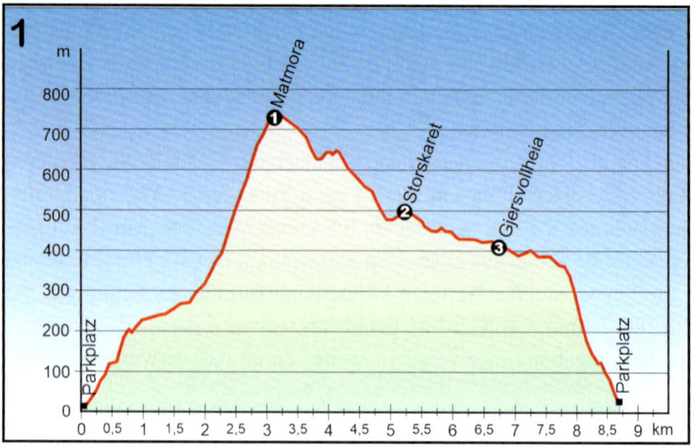

Der Steig führt dann steil nach links zu einem Geröllfeld, das Sie ziemlich ins Schwitzen bringt, denn es geht steil über dieses bergauf. Dann windet sich der Steig in vielen Kehren den steilen Hang weiter hinauf. Mit jedem Meter wird die Aussicht großartiger und Sie bleiben sicherlich immer wieder stehen, um zu gucken und zu verschnaufen. Der Weg ist nicht besonders schwer, durch die Steilheit aber ziemlich anstrengend und schweißtreibend.

Zwischendurch müssen Sie auch immer wieder Passagen mit Geröll überwinden. Dann endlich erreichen Sie den Grat rechts des Gipfels und bewundern die grandiose Aussicht auf das Meer hinunter und in die Weite zu den Inseln der Vesterålen.

Über Blockwerk und Steigspuren kraxeln Sie entlang der liebevoll aufgestellten Steinmännchen nach links bis zum hünenhaften Steinmann auf dem Gipfel der **Matmora ❶**. Hier gibt es auch ein Gipfelbuch.

Die Aussicht von diesem frei stehenden Gipfel ist gigantisch. Im Norden liegt das blaue Meer, dahinter blitzen die Inseln der Vesterålen aus dem

Meer heraus. Sie erblicken die mächtigsten Gipfel der Lofoten wie den massigen Higravstinden und schauen hinüber zu den Inseln Gimsøya und Vestvågøya. Eigentlich können Sie ja von der Gipfelschau und dem herrlichen Panorama gar nicht genug bekommen. Doch irgendwann wird es dank dem Wind dann doch zu kalt. Außerdem erwartet Sie ja noch ein weiteres Highlight auf dieser Tour.

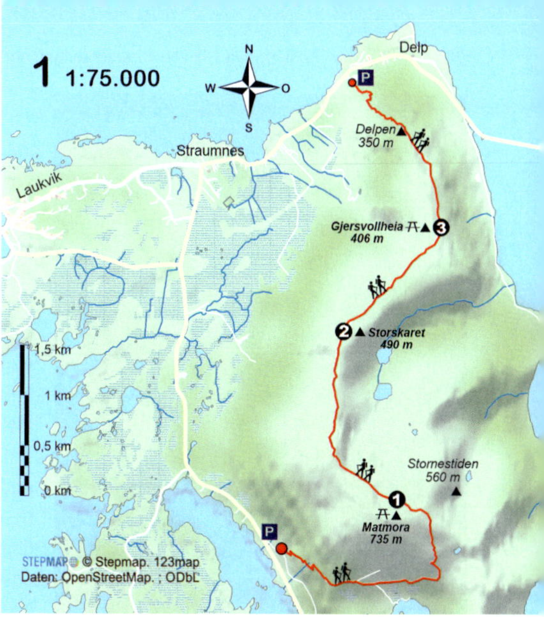

Denn nach der Gipfelpause machen Sie sich nun auf den Weg zur großartigen Gratüberschreitung. Sie lassen sich vom Kamm kurz nach Nordwesten leiten. Bald schon biegt er aber nach Norden ab. Zu Beginn ist der Gratweg breit und wirklich problemlos zu begehen. Nach einem Grataufschwung, der mit einem Steinmann geschmückt ist, müssen Sie erstmalig steil bergab steigen. Nun schnürt sich der Grat zusammen. Die nächsten Passagen sind deshalb etwas schmaler und erfordern eine gewisse Vorsicht.

Danach erwartet Sie eine steile Hangquerung auf der linken Seite des Grats, schließlich kraxeln Sie steil hinunter in einen Sattel. Von diesem steigen Sie hinauf zum Gipfelsteinmann auf dem **Storskaret ❷**. Noch einmal nehmen Sie sich die Zeit und bewundern die großartige Rundumsicht. Denn jetzt wird der Grat etwas zahmer. Eine richtige und gemütliche Panoramawanderung unternehmen Sie nun über den breiten Rücken bis hinauf zum Gipfelsteinmann auf der **Gjersvollheia ❸**.

Hier oben befindet sich wie auf der Matmora ein Gipfelbuch. Oft treffen Sie hier auf andere Wanderer, die den kurzen Aufstieg von Delp genommen haben. Diesen wählen Sie nun als Abstieg dieser großartigen Durchquerung.

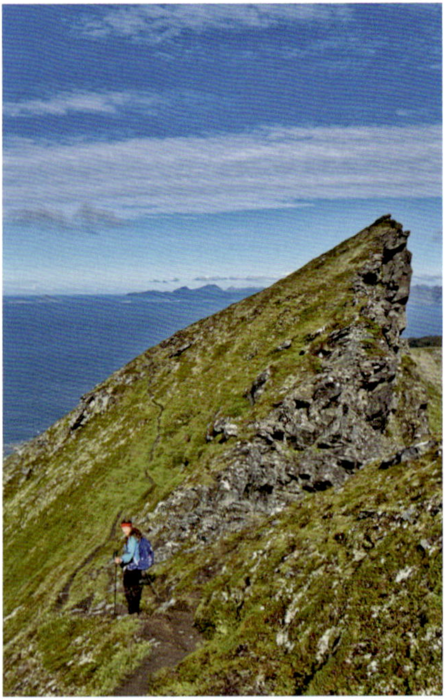

Das Gelände ist teilweise ganz schön steil

Nach einer kurzen Pause auf dem Gipfel der Gjersvollheia spazieren Sie noch ein Stück nach Norden zum Delpen, bis das Gelände steil abfällt. Durch ein doch manchmal recht steiles Birkenwäldchen steigen Sie nun in vielen Kehren hinunter bis zum Parkplatz bei Delp. Der Steig ist leider sehr oft feucht, matschig und rutschig. Da heißt es besonders aufpassen. Trotzdem ist der Abstieg bald absolviert und Sie erreichen den Parkplatz und die Straße. Für den Rückweg zum Ausgangspunkt fahren Sie am besten per Anhalter zurück. Am besten fragen Sie dazu direkt jemand am Parkplatz in Delp, ob er Sie zum Auto zurückfährt. Auf dem Gipfel Gjersvollheia sind bei schönem Wetter regelmäßig Wanderer.

☺ ⌘ Polarlichtzentrum in Straumnes

Im Polarlichtzentrum gibt es Vorträge und Fotokurse rund um die flackernden Lichter. Die beiden Holländer Rob und Therese eröffneten 2007 das Zentrum, um ihre Leidenschaft für die Polarlichter mit Besuchern zu teilen. Straumnes, bei Laukvik, liegt unweit der Wanderung. Laukvik lohnt wegen der Kaffeerösterei auch selbst einen Besuch.

♦ Laukvik Polarlightcenter, Minattsolveien 1706, Straumnes, ☏ +47/75 21 22 34, www.polarlightcenter.com, polarlightcenter@hotmail.com, keine festen Zeiten

Polarlichter oder Aurora borealis

Das Lichtphänomen kann zwischen Ende August und Anfang April beobachtet werden. Es entsteht, wenn elektrisch geladene Teilchen des Sonnenwindes auf die Erdatmosphäre treffen und zu leuchten beginnen, weil Luftmoleküle in den oberen Schichten sie dazu bringen. Viel schöner ist die Erklärung der Wikinger: Das Nordlicht ist das Licht des Mondes, das sich auf den Rüstungen der Walküren spiegelt. Die Walküren reiten nach jeder Schlacht durch den Himmel und suchen nach den Helden, die sie an Odins Tafel geleiten können.

Kaffeerösterei Laukvik

In der netten Kaffeerösterei in Laukvik können Sie nach der Wanderung gemütlich einen Biokaffee mit Kuchen genießen.

♦ Keans Beans, Laukvikveien 3, Laukvik, ☏ +47/48 61 25 35, www.keansbeans.no, kaffe@keansbeans.no, Mi-So 9:00-17:00

So weit reicht der Blick nach Norden

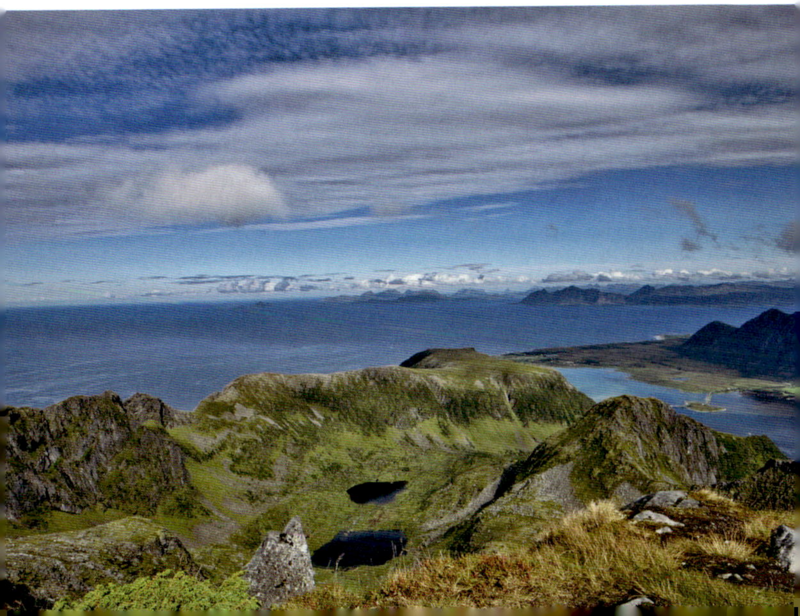

❷ Von Norden zum Rundfjellet

Tour für Freunde von herrlichem Weitblick

Der Rundfjellet, oft auch Suolovarri genannt, thront im Zentrum der Insel Austvågøya. Dementsprechend großartig ist die Aussicht in alle Richtungen. Die Tour darf aber nicht unterschätzt werden. Im unteren Bereich führt sie durch ziemlich feuchtes Gelände und im Gipfelbereich müssen Sie über große Blöcke turnen. Das macht bei entsprechender Trittsicherheit aber auch ordentlich Spaß.

⇆ Start/Ziel: An der Straße von der E10 in Richtung Laukvik nach ca. 5 km, GPS N 68°18.777' E 014°34.536'

6,7 km

4 Std. 45 Min.

↑↓ 727 m/727 m

⇧ 41-767 m

keine farblichen Markierungen, aber teilweise deutlicher Steig, im Blockgelände mit Steinmännchen markiert.

Guter Steig bis auf die letzten 300 m, dann zunehmend Fels- und Blockgelände. Gehen Sie nur bei guter Sicht, Sinn für Orientierung ist erforderlich.

keine Einkehrmöglichkeiten auf der Tour, man kann aber nach der Tour nach Laukvik fahren (13 km vom Ausgang der Tour) und dort frisch gerösteten Kaffee trinken (☞ Tour 1). Eine andere Alternative sind die Cafés in Svolvær (20 km vom Ausgangspunkt der Tour).

keine Rastplätze, aber schöne Sitzmöglichkeiten am Gipfel (km 3,3)

Die Tour ist für Kinder ab 14 Jahren geeignet, die über Bergerfahrung und Trittsicherheit verfügen. Dann macht das Klettern über die Blöcke Spaß.

Wir empfehlen die Tour wegen des Blockgeländes nicht für Hunde.

P Fahren Sie von der E10 ab in Richtung Laukvik. 5 km nach dem Abzweig von der E10 passieren Sie einen großen Felsblock, kurz danach folgt eine Rechtskurve. Hier befindet sich auf der linken Straßenseite eine Parkbucht. Hier setzt der Steig an.

Der Ausgangspunkt ist mit dem Bus nicht erreichbar.

Direkt an der Parkbucht setzt ein Steig an, dem Sie geradeaus folgen. Zunächst zieht er bergab bis auf eine ebene, ziemlich feuchte Fläche, in der Sie häufiger, als Ihnen lieb ist, einsinken werden. Die Fläche überqueren Sie mutig, durchsteigen sogar ein paar Bäche und gehen hinüber zum Hang auf der gegenüberliegenden Seite. Trockene Schuhe wären jetzt ein kleines Wunder.

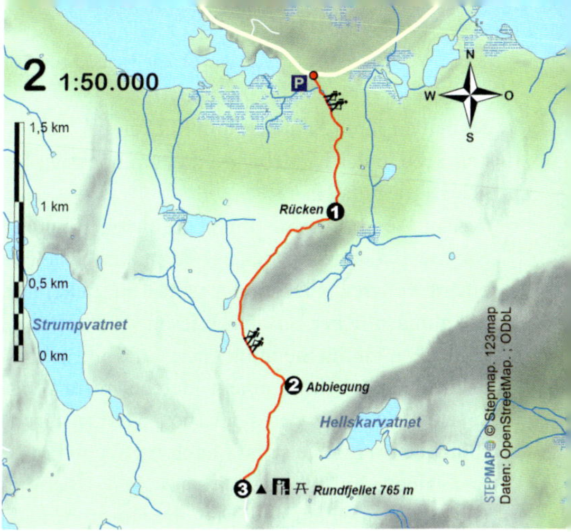

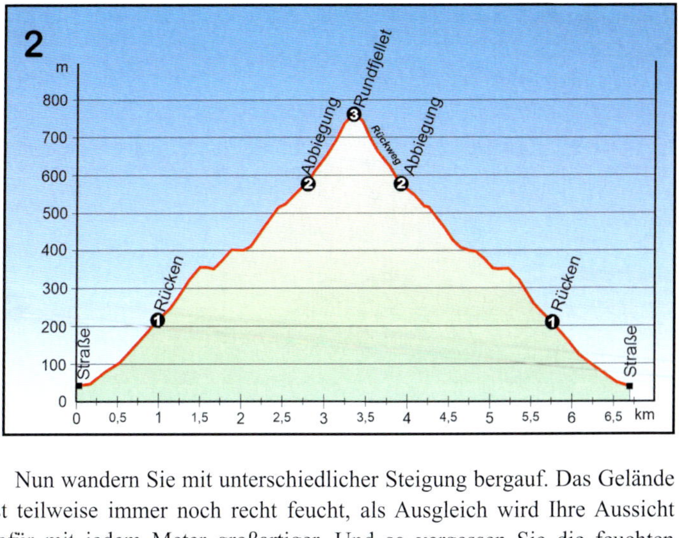

Nun wandern Sie mit unterschiedlicher Steigung bergauf. Das Gelände ist teilweise immer noch recht feucht, als Ausgleich wird Ihre Aussicht dafür mit jedem Meter großartiger. Und so vergessen Sie die feuchten

Stellen an Ihren Schuhen und blicken bis zum Meer, über die verschiedenen Seen in der Umgebung und zum höchsten Lofotengipfel, dem mächtigen Higravstinden.

Der Weg bringt Sie hinauf zu einem **Rücken ❶**. Über diesen wandern Sie nach rechts, umgehen auf der linken Seite einen Kamm und stehen auf einem weiteren Rücken, der vom Rundfjellet herunterzieht. Bald wird der Steig undeutlicher, aus den Wiesen wird vorrangig Felsgelände. Die Steinmännchen führen Sie immer bergauf. Bald schon verlassen Sie den Rücken nach links, gehen an einem kleinen, recht romantischen See vorbei und spazieren entlang der steinernen Markierungen nach ganz links außen. Plötzlich biegen Sie **scharf nach rechts ab ❷** und kraxeln über Felsplatten und -blöcke hinauf zum Wiesenrücken. Über diesen Rücken gelangen Sie nach links zu einem Vorgipfel, der aus groben Blöcken besteht. Sie steigen hinunter zu einem kleinen Absatz hinter den Blöcken und wandern über einen steilen Grashang bergauf in Richtung des Gipfels. Sie erreichen hier wieder große Felsblöcke, über die Sie hinauf zum Gipfelgrat turnen. Ohne Probleme kraxeln Sie hinüber zum großen Steinmann auf dem Gipfel des **Rundfjellet ❸**.

Aussichtsreich ist der Anstiegsweg

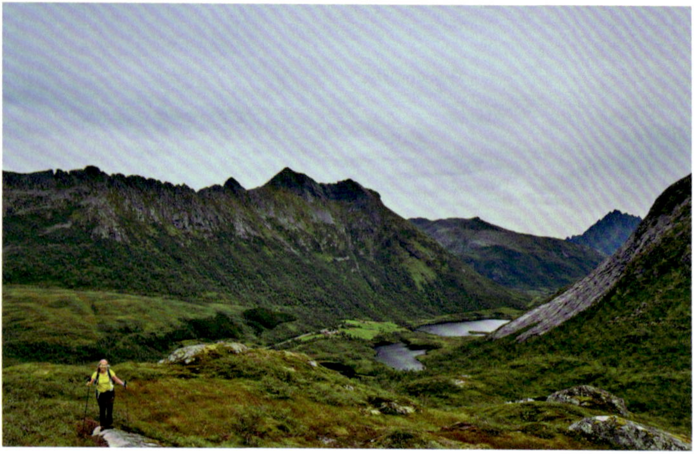

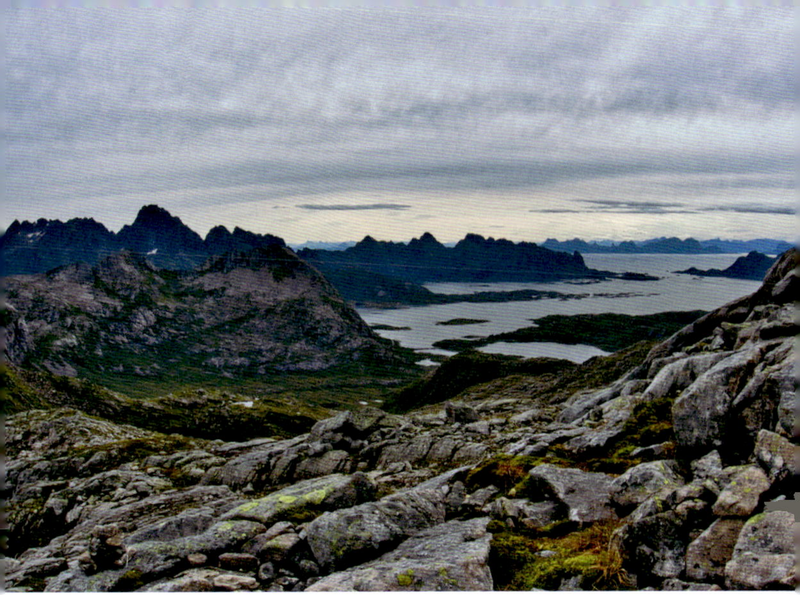

Schöner Ausblick nach Süden

Die Aussicht ist grandios. Im Süden hinter der Fløya erkennen Sie die Inseln Storemolla und Skrova. Tief unten sehen Sie die Häuser von Svolvær. Beeindruckend sind die Gipfel im Zentrum von Austvågøya, umgeben von vielen Seen, die aus der Entfernung wie dunkle Augen wirken. Im Norden erblicken Sie den frei stehenden Gipfel der Matmora, das Meer und eine wunderschöne Seenlandschaft. Gigantisch ist natürlich das Felsmassiv des höchsten Gipfels der Lofoten, dem Higravstinden.

Auch wenn man von hier am Gipfel des Rundfjellet eine Überschreitung des Gipfels bis zum Vaterfjorden machen könnte, so stellt sich dann die Frage der Rückkehr zum Auto. Leider bietet das Bussystem auf den Lofoten auch keine Antwort. Daher wandern Sie nach einer ausgiebigen Rast mit herrlicher Gipfelschau am besten auf dem Anstiegsweg zurück zum Auto.

❸ Der Kongstindan bei Svolvær

Tour für Liebhaber großartiger Tiefblicke

Der Kongstindan ist ein Gipfel nördlich von Svolvær, der auf schnellem Weg erreicht werden kann. Der Name verspricht viel: „Königsgipfel". Und wirklich: Vom Gipfel genießen Sie einen gewaltigen Tiefblick auf die Stadt und hinaus aufs Meer. Der Anstieg ist nicht besonders lang und somit eine tolle Tour für einen halben Tag. Sie sollten aber unbedingt aufgrund der Felsplatten trockene Verhältnisse abwarten.

- Start/Ziel: Am See Litl-Kongsvatnet bei Svolvær, GPS N 68°14.484' E 014°31.983'
- 4,1 km
- 3 Std.
- 427 m/427 m
- 25-453 m
- rote Markierungen bis zum Lille Kongstindan, danach keine Markierungen, aber gut zu finden
- Im unteren Bereich gibt es steile Felsplatten, dann folgt ein guter Steig, der im Gipfelbereich wieder felsdurchsetzt ist. Der Grat ist teilweise auch etwas ausgesetzt. Nicht bei Nässe gehen.
- keine Einkehrmöglichkeiten auf der Tour, stattdessen Cafés in Svolvær (3 km vom Parkplatz am See)
- keine Rastplätze, aber schöne Sitzmöglichkeiten am Gipfel (km 2,1) sowie an dem Aussichtspunkt (km 0,5 und km 3,7) und dem Gipfel des Lille Kongstindan (km 1,3 und km 2,7)
- Die Tour ist für Kinder nicht geeignet, da gerade der Grat schon etwas ausgesetzt ist.
- Wir empfehlen die Tour aufgrund des Blockgeländes nicht für Hunde.
- P: An der Esso-Tankstelle am westlichen Ortsausgang von Svolvær biegen Sie von der E10 in die Straße Kongsvatnetveien hinein. Sie führt zum See Litl-Kongsvatnet und wird zu einer Schotterstraße. Sie folgen der Straße bis zum Seeende zu einem großen Gebäude und parken dort.
- Der Ausgangspunkt ist mit dem Bus nicht erreichbar.

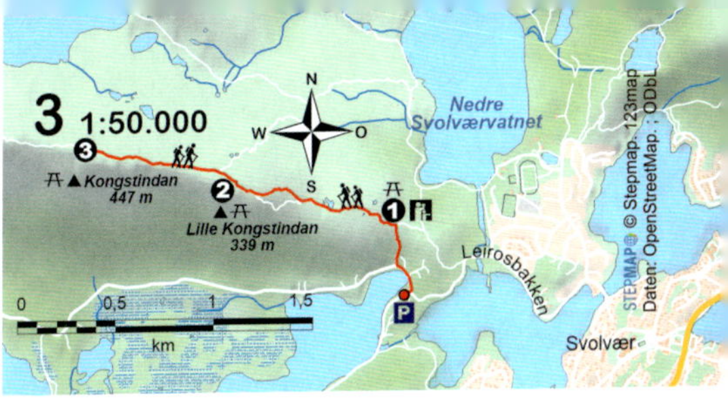

Zu Beginn der Wanderung spazieren Sie erst einmal gemütlich auf der Schotterstraße in nördlicher Richtung am See Litl-Kongsvatnet entlang und genießen die schöne und ruhige Umgebung. Bald schon sehen Sie rechter Hand einen roten Wegweiser, der nach rechts in das Wäldchen hinein einen Steig anzeigt. Diesem Steig folgen Sie und wandern dabei schnell in die Höhe, was Sie ziemlich zum Schnaufen bringt. Teilweise müssen Sie jetzt steile Felsplatten und Felsstufen überwinden. Bei trockenem Wetter ist das kein Problem, da der Fels sehr griffig ist. Sie müssen nur die komplette Sohle aufsetzen, dann hält der gute Wanderschuh auf Reibung.

Bei Nässe allerdings wird das Gelände schnell ziemlich rutschig und unangenehm. Oft hilft dann auch der gute Wanderschuh nur bedingt weiter. Vielleicht wählen Sie daher auch besser einen trockenen Tag für diese Tour.

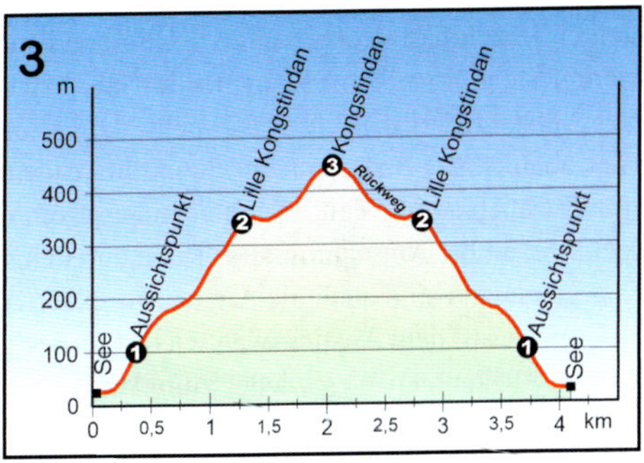

Der Weg bringt Sie hinauf zu einem ersten **Aussichtspunkt ❶**. Grandios ist der Blick hinunter auf Svolvær, das Meer mit den Inseln Storemolla und Skrova sowie auf die markanten gegenüberliegenden Berghänge um die Fløya.

Nun wandern Sie auf dem gut markierten Steig an einem kleinen See vorbei. Zuerst ist das Gelände noch ziemlich flach, wird aber bald steiler. Immer wieder müssen Sie einfache Felsstufen überkraxeln. Bei Trockenheit ist der Anstieg relativ einfach, ist es hier aber nass, sollten Sie etwas vorsichtig sein.

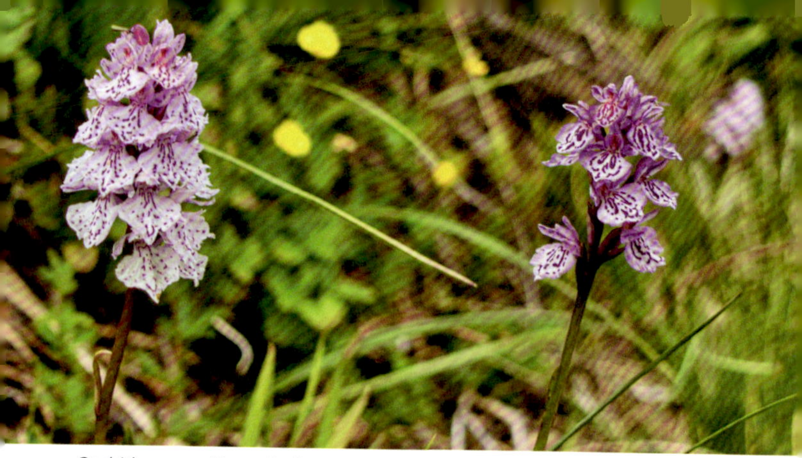

Orchideen am Kongstindan

Der immer steiler werdende Pfad bringt Sie hinauf zum Gipfel des **Lille Kongstindan ❷**, dem „kleinen Königsgipfel". Bereits von hier oben bietet sich wieder eine großartige Aussicht. Sie genießen einen dramatischen Blick auf das Meer, die Stadt Svolvær und die umliegende Seenlandschaft. Eine richtige Rast legen Sie besser erst am Hauptgipfel ein.

Nun machen Sie sich an den Weiterweg in Richtung Hauptgipfel. Sie steigen kurz hinab in eine Senke und folgen dann dem inzwischen unmarkierten Steig hinauf zum **Kongstindan ❸**, dem eigentlichen Königsgipfel. Der Aufstieg erfordert etwas Vorsicht, da der Grat doch etwas schmal ist. Hier oben ist das Panorama auf die umliegenden Gipfel wirklich grandios. Jetzt ist auch genug Zeit, sich hier hinzusetzen und bei einer guten Rucksackbrotzeit die Aussicht in aller Ruhe auf sich wirken zu lassen.

Irgendwann sind auch die Augen satt. Nach der verdienten Gipfelpause steigen Sie auf dem Anstiegsweg wieder zurück und wandern auf dem vom Aufstieg bekannten Weg wieder zum Auto.

☜ Weiterweg: Auch wenn verlockende Pfadspuren vom Gipfel noch weiterführen, so müssen wir von einer Besteigung des benachbarten Løva abraten. Der Weg ist bis zu einem Vorgipfel gut zu begehen, dann beginnt aber eine ausgesetzte Kletterei, die wir nicht empfehlen. Auch beim Weg zum Vorgipfel des Løva müssen Sie eine schmale Rinne hochklettern, sodass Sie sich besser mit dem Kongstindan zufriedengeben.

4 Zum Doppelgipfel des Varden

Tour für Liebhaber märchenhafter Ruhe

Der Doppelgipfel des grandiosen Varden liegt etwas abseits in einem zentralen Kamm auf der Insel Austvågøya. Die Tour ist relativ lang und damit auch anstrengend, die Mühe lohnt sich aber, wandern Sie doch lange Zeit durch eine sehr einsame Landschaft, in der Sie die Ruhe der wunderschönen Natur genießen können.

⇆ Start/Ziel: am Friedhof von Kabelvåg, GPS N 68°12.903' E 014°28.855'

10,9 km

5 Std. 30 Min.

↑↓ 721 m/721 m

⇧ 9-645 m

keine Markierungen, aber guter Steig, kurz unter der Scharte vereinzelt Steinmännchen

mittelschwere Bergwanderung, Gipfelgrat etwas ausgesetzt, eine kurze Felsstufe unterhalb des Gipfels

Zu Beginn wandern Sie durch eine Seelandschaft

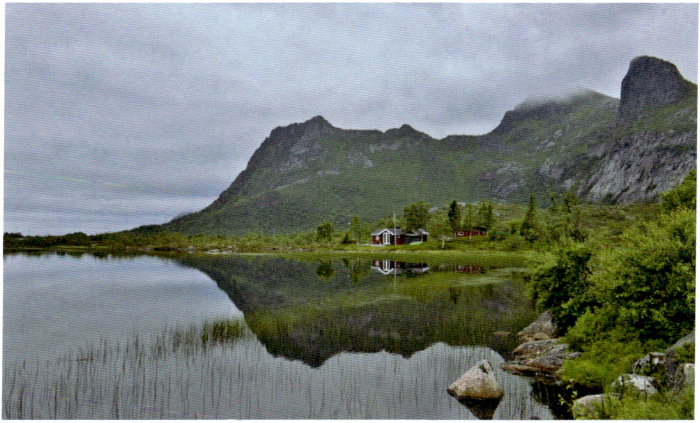

- keine Einkehrmöglichkeiten auf der Tour, stattdessen Café (Bakeri Unseld) in Kabelvåg (1 km vom Parkplatz)
- keine Rastplätze, aber schöne Sitzmöglichkeiten am Gipfel (km 5,4)
- Die Tour ist für Kinder nicht geeignet, da sie lang und für Kinder nicht interessant ist.
- Die Tour ist für größere Hunde geeignet. Es gibt unterwegs mehrere Bäche und Seen.
- Parken Sie gegenüber der Kirche von Kabelvåg beim Friedhof.
- Der Ausgangspunkt ist mit der Buslinie 18-743 von Svolvær mehrmals täglich erreichbar.

Am Parkplatz beginnt ein schmaler Weg, der leicht links haltend am Friedhof vorbeizieht. Bei unserer Erkundung stand das Gras sehr hoch, der Pfad ist trotzdem richtig. Sie wandern durch den Wald und erreichen nach dem Friedhof eine Wegteilung. Hier gehen Sie geradeaus weiter. Der Weg führt etwas bergab und durch leicht sumpfiges Gelände kommen Sie an einen geteerten Weg. Diesen überqueren Sie und folgen dem Pfad steil bergauf. Ein großes Gebäude taucht auf, an dem Sie rechts vobeiziehen.

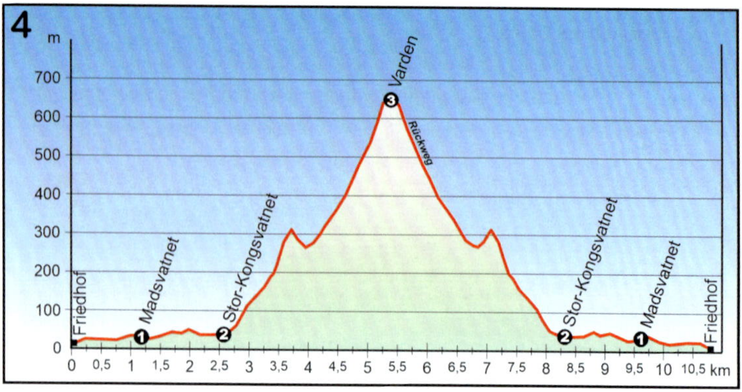

Wenig später halten Sie sich rechts, um dann gleich wieder leicht nach links zu gehen. Nun wandern Sie weiter geradeaus. Der Weg wird bald etwas breiter und von links kommen rote Markierungen dazu. Auf einer kleinen Anhöhe zweigen die Markierungen nach rechts ab, Sie gehen aber

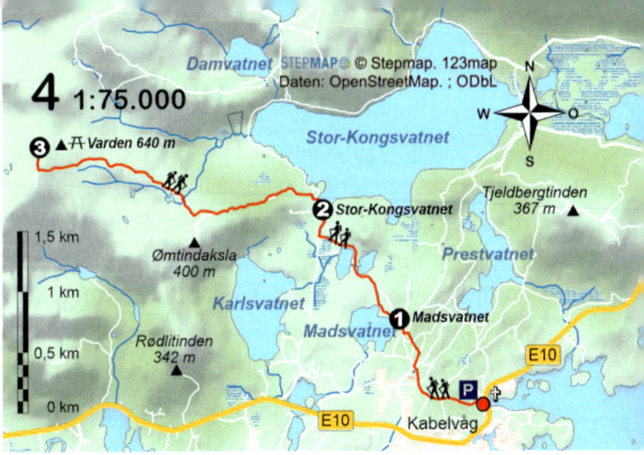

geradeaus bergab. Von links mündet ein Schotterweg in ihren Weg ein, der Sie geradeaus zum Ufer des Sees **Madsvatnet** ❶ bringt. Sie spazieren rechts am wirklich hübsch gelegenen See vorbei und weiter bergab zu zwei weiteren romantischen Seen. Zwischen diesen Seen gehen Sie hindurch und genießen die Stille in dieser sehr fotogenen Landschaft. An der Nordostecke des linken Sees biegen Sie nach Westen ab. Der Weg bringt Sie zu einem Sträßchen, in das Sie nach rechts einbiegen. Sie folgen diesem nun bis zum großen See **Stor-Kongsvatnet** ❷. Gegenüber sehen Sie den Gipfel des Kongstindan direkt hinter dem See.

Sie gehen ein Stück am Ufer nach schräg links bis zu einem größeren Schild. Links davon steht ein kleiner Wegweiser mit der roten Aufschrift „Småtinden“. An dieser Stelle beginnt ein Steig, der durch etwas feuchtes Gelände führt. Sie erreichen schnell einen Grat, auf dem Sie bergauf steigen. Es gibt mehrere Wegvarianten, die alle in die gleiche Richtung gehen. Teilweise müssen Sie dabei ein paar Felsplatten überkraxeln. Gerade bei Nässe kann dieser Abschnitt unangenehm sein.

Mit ansteigender Höhe wird die Aussicht immer eindrucksvoller. Sie genießen einen wunderbaren Ausblick auf das Meer und die Seenlandschaft. Kurz unterhalb eines markanten Gipfels in einer Senke teilt sich der Weg. Sie nehmen den rechten Abzweig, der noch kurz bergauf führt und dann nach rechts quert. Am Ende der Querung kommen Sie wieder zu einer Wegverzweigung, die etwas unscheinbar ist. Hier steigen Sie steil nach rechts bergab. Plötzlich stellt sich ein Bach in den Weg, den Sie aber ganz mühelos überqueren. Die Umgebung wird ziemlich verwunschen. Der Steig bringt Sie rechts an einem kleinen See vorbei. Nun wandern Sie immer auf dem begrünten Rücken bergauf.

An einer ausgeprägten Felsplatte wenden Sie sich nach rechts und gehen auf dem Rücken weiter bergauf. Das Gelände wird felsiger und Sie erreichen eine Holzstange. Hier gehen Sie nach links, überqueren einen Bach und folgen einem weiteren Rücken nach rechts bergauf. Das Gelände wird noch etwas felsiger. Teilweise turnen Sie über Blöcke bergauf bis in die Scharte unterhalb des Varden. Hier genießen Sie erst einmal die Sicht und erholen sich kurz vor dem Schlussspurt. Denn bald schon wandern Sie auf deutlichen Steigspuren nach rechts in Richtung Gipfel. Der Weg hält sich teilweise unterhalb des schmalen Grats. Kurz vor dem Gipfel stellt sich eine kleine Felsstufe in den Weg. Hier hing bei unserer Erkundung auch ein Seil, das die notwendige Sicherheit gibt. Die Stelle ist nicht zu schwierig, trotzdem heißt es gut zupacken. Mit der Hilfe von guten Griffen klettern Sie auch das letzte Hindernis hinauf und können sich am großen „Steinhaufen" (die deutsche Übersetzung von „Varden") auf dem Gipfel des **Varden ❸** niederlassen. Sie genießen von hier oben eine wunderbare Aussicht auf das Meer und die umliegenden Felsgipfel.

Nach einer gemütlichen Gipfelpause machen Sie sich an den Rückweg. Ganz besondere Vorsicht üben Sie an der kleinen Felsstufe. Hier liegt doch einiges an Schutt. Packen Sie das Seil und oder den Fels gut an und klettern Sie vorsichtig hinab. Danach wandern Sie auf dem vom Aufstieg bekannten Weg zurück zum Parkplatz am Friedhof bei Kabelvåg.

Trotz Nebel eindrucksvoll

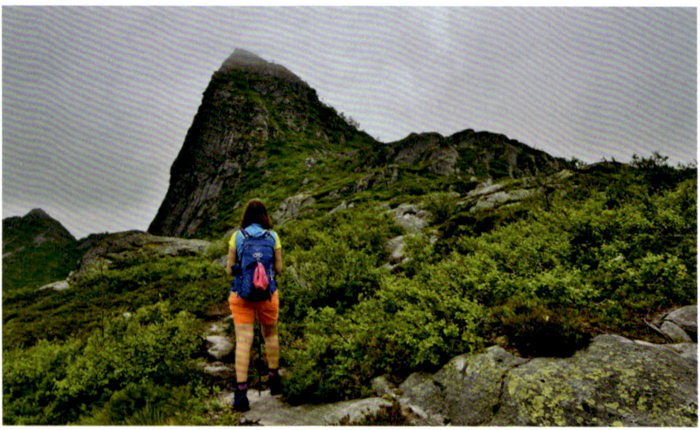

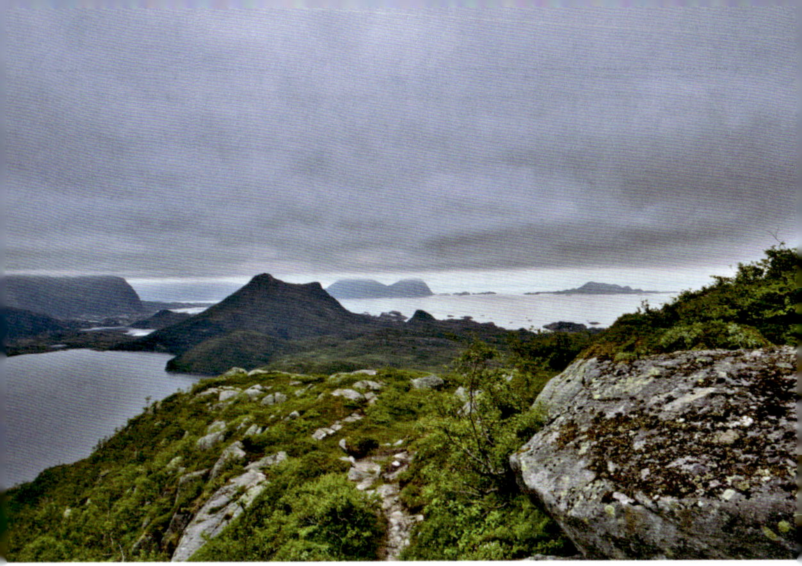

Schöner Ausblick auf die Seen um Svolvær

Zentrum des Fischfangs ins Kabelvåg

Bereits 999 n. Chr. erklärte König Oliv I. Tryggvason die Bucht, Vågar genannt, zum Zentrum des Lofotenfischfangs. In den folgenden Jahrhunderten wurde Vågar überregional bekannt dafür und zog Fischer von überall her an. Im 12. Jahrhundert baute man eine Kirche und erhob den Ort zum Kirchensitz. Später änderte man dann aufgrund der Kirche den Namen in Kabelvåg – „Kapellenbucht". Im 19. Jahrhundert nannte man Kabelvåg sogar die inoffizielle Hauptstadt der Lofoten. Mit der Motorisierung der Schiffe wurden die Buchten allerdings zu eng und Kabelvåg verlor seine Bedeutung.

☕ Bäckerei Unseld

Die Bäckerei gehört einem Norweger und einer Ulmerin, deshalb gibt es hier oft auch schwäbische Seelen. Ganz besonders lecker sind die süßen Stückchen.

♦ Bakeri Unseld, Torggata 11, Kabelvåg, ☎ +47/98 85 72 76, ✉ post@bakeriunseld.no, 🚪 Di-Fr 8:00-16:00, Sa 9:00-15:00

❺ Zum Glomtinden über Kabelvåg

Tour für Genießer

Der Glomtinden gehört zu den beliebtesten Gipfeln auf den Lofoten. Der Grund dafür ist seine leichte Erreichbarkeit, die Kürze der Tour und die großartige Aussicht auf den mächtigen Felsgipfel des Vågakallen. Gerade diese Attribute machen die Tour zu einer idealen Wanderung für Genießer.

Start/Ziel: Rørvikvatnet, GPS N 68°12.487' E 014°15.263'

5,4 km

2 Std. 30 Min.

288 m/288 m

46-334 m

keine Markierungen, aber guter Steig

einfache Bergwanderung, nur der Gipfelaufbau ist etwas steil

keine Einkehrmöglichkeiten auf der Tour, stattdessen Café Lysstøperi oder Trevarefabrikken in Henningsvær (10 km vom Parkplatz)

Es gibt keine Rastplätze, aber schöne Sitzmöglichkeiten am Gipfel (km 2,7), auch die Scharte und der Rücken knapp unterhalb des Gipfels eignen sich gut.

Die Tour ist für Kinder gut geeignet. Nur am steilen Gipfelhang ist etwas Vorsicht geboten, daher eignet sich dieser Abschnitt erst für Kinder ab 8 Jahren. Das Turnen über die Felsblöcke macht aber Spaß. Bis zur Scharte auch für kleinere Kinder gut möglich.

Die Tour ist gut für Hunde geeignet, da sie nicht besonders lang ist.

P Parken Sie an einer Schotterstraße nach dem Tunnel auf der E10 von Kabelvåg in Richtung Henningsvær, direkt am See Rørvikvatnet.

Es fährt mehrmals täglich die Buslinie 18-743 von Svolvær nach Henningsvær. Eine Bushaltestelle befindet sich an der Abzweigung von der E10 nach Henningsvær. Von hier sind es 700 m bis zum Parkplatz.

Wahrscheinlich parken hier am Ausgangspunkt der Wanderung noch andere Autos, da die Tour doch gerne gemacht wird. Die Schotterstraße zieht hier zunächst sanft an. Sie folgen ihr bergauf. Zu Beginn hört man noch deutlich die vorbeifahrenden Autos. Ein Stückchen höher können Sie

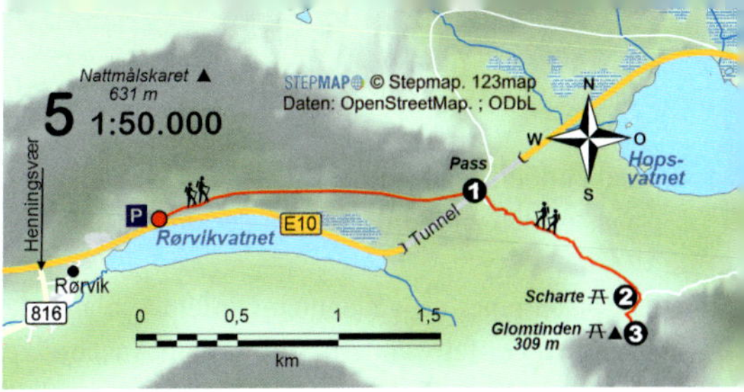

einen schönen Blick über das Steinmäuerchen über den See Rørvikvatnet genießen. Nun wird der Schotter teils zu größeren Felsbrocken. Schließlich bringt Sie der Weg hinauf zu einem **Pass ❶**.

Hier setzt nun ein Steig an, denn der Schotterweg zieht nun wieder hinab zur Straße auf der anderen Seite des Tunnels. Sie biegen auf den deutlichen Steig nach rechts ab. Nun ringt Ihnen der Weg doch ein paar Schweißperlen ab, führt er jetzt doch deutlich steiler bergauf. Wandern Sie zuerst noch durch niedriges Buschwerk, so durchqueren Sie bald freies Gelände bis zu einem Rücken. Oben sehen bereits den Gipfelzacken des Glomtinden. Nach unten blicken Sie über den See Rørvikvatnet. Sie gehen nun in einem Rechtsbogen in die **Scharte ❷** vor dem Gipfel.

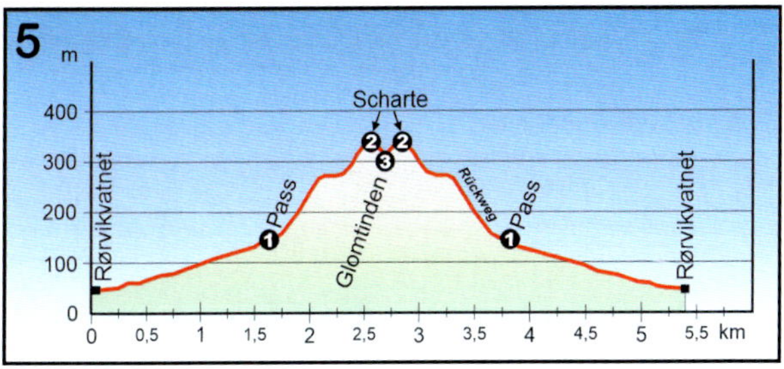

Deutliche Steigspuren leiten Sie nun durch steiles Gelände hinauf zum Gipfel des **Glomtinden ❸**. Hier lässt es sich etwas verweilen, denn von hier oben bietet sich eine grandiose Aussicht auf den eindrucksvollen Vågakallen und die Stadt Svolvær, das Meer und ein paar Inseln.

Vågakallen

Um den Berg Vågakallen ranken sich viele Mythen, zum Beispiel diese: Viel zu spät im Morgengrauen kam der Troll mit Namen Vågakallen vom Fischen nach Hause. Am Ufer erwartete ihn bereits seine erboste Ehefrau. Die beiden stritten heftigst und stiegen währenddessen den Berg hinauf.

Dabei übersahen sie den Sonnenaufgang und erstarrten in den ersten Sonnenstrahlen zu Stein. So kam der imposante Berg zu seinem Namen.

Nach einer ausgedehnten Gipfelpause auf diesem einfachen, aber sehr schönen Gipfel wandern Sie auf dem Anstiegsweg zurück zum Sattel. Von hier spazieren Sie wie beim Aufstieg gemütlich über die Schotterstraße bergab bis zum Parkplatz an der E10 zurück.

☺ Kajakfahren in Henningsvær

Kurz nach dem Parkplatz in östlicher Richtung biegt die Straße zum kleinen Fischerdorf Henningsvær ab. Der Ort ist inzwischen bei Touristen sehr beliebt. Ein besonderes Erlebnis ist eine Kajaktour am Meer entlang der Küste. Sie können sich entweder für eine normale dreistündige Tour für NOK 750 oder eine Tour zur Mitternachtssonne für NOK 800 entscheiden. Weitere Informationen bei:

- Henningsvær Adventure Sports, Gammelveien 6, 8312 Henningsvær, ☏ +47/46 80 56 48, www.kayaklofoten.com, info@kayaklofoten.com

Gipfelrast am Glomtinden

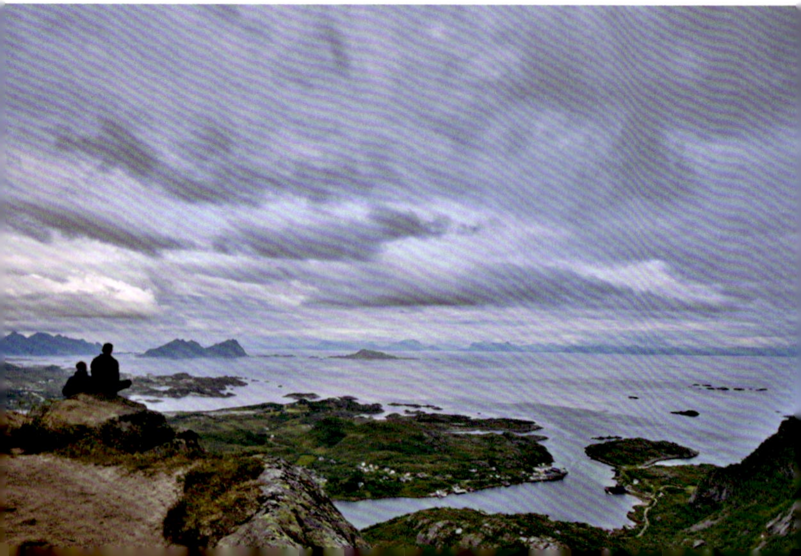

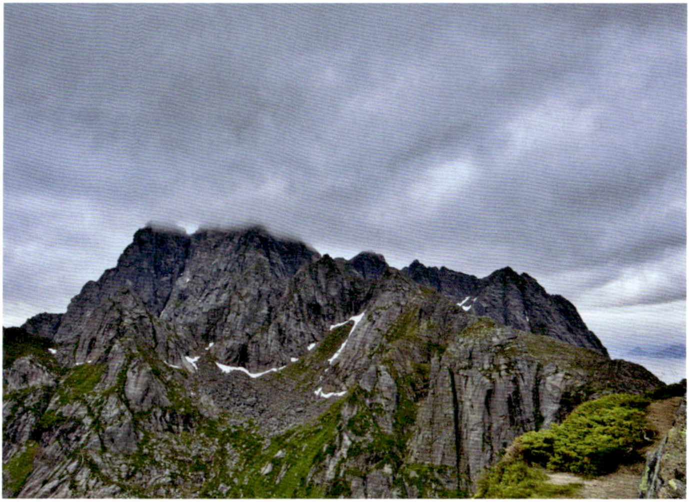

Der mächtige Vågakallen

Lysstøperi & Cafe

Lysstøperi & Cafe ist ein kleines, schnuckeliges Café im Zentrum von Henningsvær.

- Henningsvær Lysstøperi & Cafe, Gammelveien 2, Henningsvær, ☏ +47/76 07 70 40, Di-So 10:00-16:00

Trevarefabrikken

Trevarefabrikken bietet ein gemütliches und wirklich leckeres Einkehren in einer ehemaligen und stylisch umgebauten Holzfabrik.

- Trevarefabrikken, Dreyers Gate 72, Henningsvær, ☏ +47/40 88 84 64, www.trevarefabrikken.no/restaurant, booking@trevarefabrikken.no, 8:00-16:00 und 17:00-22:00

6 Zur Kleppstadheia und zum Kvasstinden

Tour für Freunde müheloser Aussicht

Kleppstadheia und Kvasstinden sind ein schönes Gipfelpaar im Westen der Insel Austvågøya. Der Weg zur Kleppstadheia ist einfach und kann gut auch mit Kindern unternommen werden. Wer noch auf den zweiten Gipfel möchte, benötigt etwas Trittsicherheit. Belohnt werden Sie dann mit einer noch grandioseren Aussicht.

- Start/Ziel: Parkplatz hinter Kleppstad deutlich vor Brenna, GPS N 68°15.555' E 014°16.621'
- 6,9 km
- 4 Std. 30 Min.
- 658 m/658 m
- 21-524 m
- guter, unmarkierter Steig zur Kleppstadheia; Übergang zum Kvasstinden etwas undeutlicher, aber mit etwas Gespür fürs Gelände gut zu finden
- Zur Kleppstadheia führt ein guter, einfacher Wanderweg. Nur im Birkenwäldchen ist es etwas steiler. Für den Übergang zum Kvasstinden ist etwas Trittsicherheit erforderlich, dieser Abschnitt ist mittelschwer.
- keine Einkehrmöglichkeiten auf der Tour, stattdessen Café (Straumanbutikken) in Gravermarka, ca. 8 km entfernt Richtung Brenna, ☞ siehe Tour 8
- keine Rastplätze, aber schöne Sitzmöglichkeiten an beiden Gipfeln (km 2,4 und 3,6)
- Die Tour zur Kleppstadheia ist von Kindern gut zu bewältigen. Allerdings bietet der Anstieg relativ wenig Abwechslung. Am Übergang zum Kvasstinden gibt es eine ausgesetztere Stelle, daher empfehlen wir, sich mit Kindern auf die Kleppstadheia zu beschränken.
- Die Tour ist gut für Hunde geeignet, allerdings sind sie aufgrund der Weideflächen anzuleinen.
- P Kurz vor der Brücke zwischen Austvågøya und Gimsøya biegen Sie rechts in Richtung Brenna ab und parken auf der rechten Seite bei einem Weidegitter.
- Die Linie 18-741 fährt bis nach Kleppstad. Von hier ist es nicht allzu weit (200 m) bis zum Ausgangspunkt.

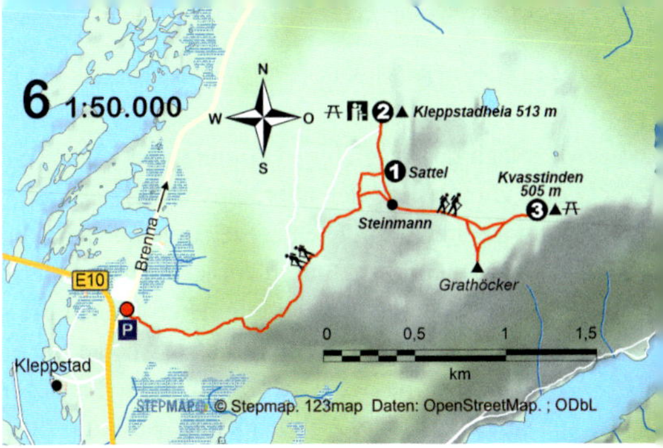

Beim kleinen Parkplatz beginnt der gut ausgeprägte Steig. Sie wandern hinauf zu einem Birkenwäldchen. Wenn es zuvor geregnet hat, ist hier alles ziemlich durchnässt und manchmal auch rutschig. Trotzdem ist der Steig auch bei Nässe gut zu begehen. Durch das kleine Birkenwäldchen gehen Sie bergauf, bis Sie wieder freies Gelände erreichen. Der Steig bringt Sie zu einem großen Stein, an dem sich ein Wegbuch befindet. Sie steigen weiter bergauf zu einem großen Steinmann. Der Weg zum Gipfel zieht sich aber noch etwas in die Länge.

Jetzt kommen Sie in eine wirklich malerische Landschaft und spazieren hindurch bis in einen weiten **Sattel ❶** rechts des Gipfels. Bereits von hier ist die Aussicht auf die Berge von Austvågøya wunderschön. Sie wenden sich nun nach links und wandern hinauf zum Steinmann auf dem Gipfel der **Kleppstadheia ❷**. Von hier oben genießen Sie eine herrliche Aussicht auf das Meer und die beiden Inseln Austvågøya und Gimsøya. Sie blicken hinüber nach Sydalen und zum markanten hohen Gipfel des Svarttinden darüber. Aber auch der etwas schaurige Blick hinunter zum breiten Gimsøystraumen, der Meerenge zwischen den beiden Inseln, beeindruckt.

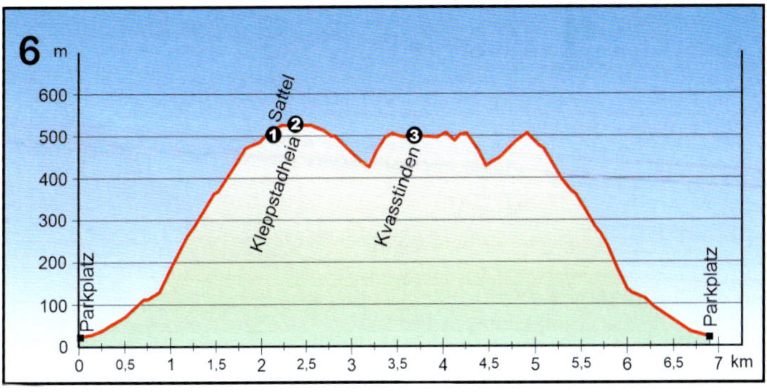

Nach der ausgiebigen Gipfelpause können Sie sich noch den Kvasstinden vornehmen, der allerdings etwas schwieriger ist. Für den Übergang zum zweiten Gipfel gehen Sie zurück in den breiten Sattel und sehen etwas undeutlichere Steigspuren vor sich. Diese leiten Sie hinunter in eine Senke zwischen den beiden Gipfeln. Hier können Sie spätestens einschätzen, ob das Gelände wirklich etwas für Sie ist oder Sie die Tour hier lieber beenden wollen. Es gibt zwei Querungen, die tiefer liegende ist etwas ausgesetzter, da sie näher an der Abbruchkante verläuft. Trittsicher sollten Sie allerdings für beide Querungen sein. Von der Senke aus steigen Sie entlang von einem Spalier an Steinmännern bergauf und queren dann nach links bis vor den Gipfelaufbau des Kvasstinden. Ohne besondere Schwierigkeiten erreichen Sie dann den Gipfel des **Kvasstinden ❸**, von dem die Aussicht noch etwas besser ist. Tief unter Ihnen liegt der dunkle Olderfjorden. Beeindruckend ist auch der im Süden stehende Vågakallen. Wenn Sie etwas sitzen bleiben, können Sie sicher auch ein paar Vögel im Wind spielen sehen.

Auf dem Weg zum Kvasstinden

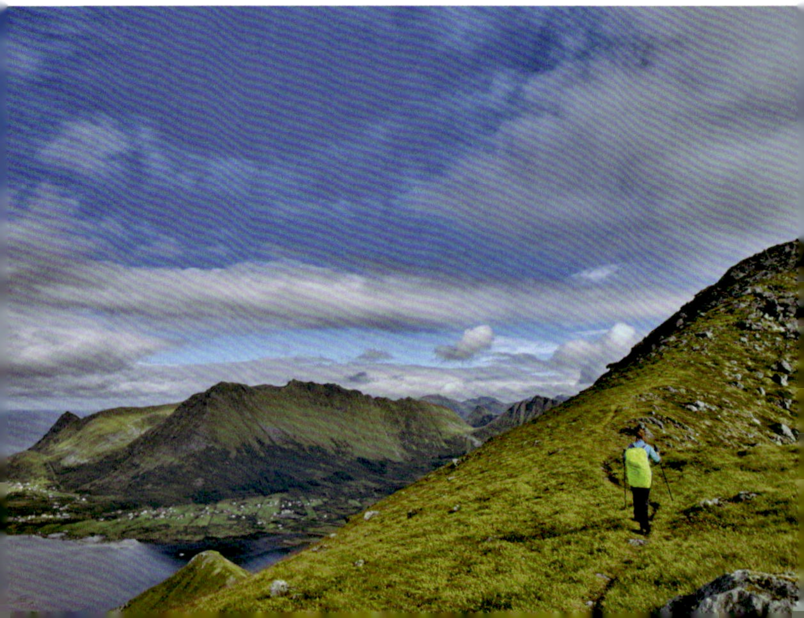

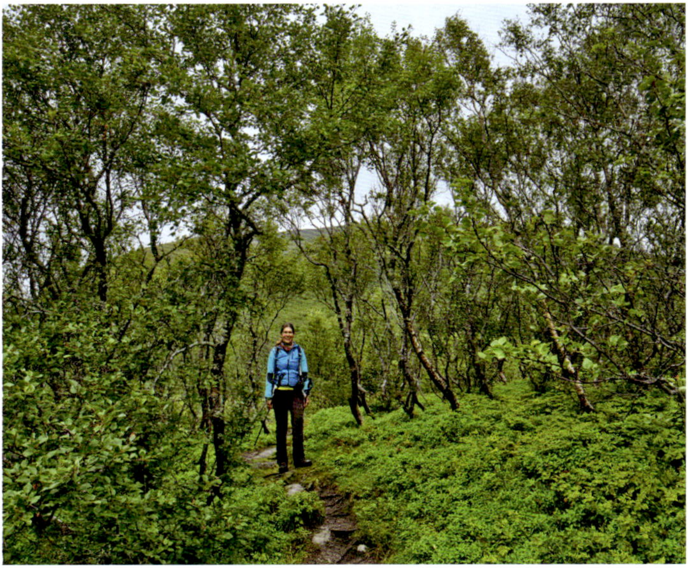

Im unteren Bereich gehen Sie durch ein Birkenwäldchen

Jetzt könnten Sie am Hinweg wieder zurück in die Senke zwischen den Gipfeln des Kvasstinden und der Kleppstadheia absteigen. Sehr schön ist es aber, beim Abstieg noch die beiden benachbarten Grathöcker mitzunehmen. Auch hier gilt, Sie sollten entsprechend trittsicher sein und Erfahrung mitbringen. Nach dem Überschreiten der kleinen Gipfelchen erreichen Sie ebenfalls den Hinweg.

Nun müssen Sie nicht bis zur Wegverzweigung zurückgehen, sondern können auch beim ersten Steinmann im Gegenanstieg auf gleicher Höhe nach links queren, bis Sie auf den Aufstiegsweg treffen. Auf diesem wandern Sie gemütlich zurück zum Ausgangspunkt.

7 Von Sydalen auf den Kroktinden

Tour für Liebhaber großartiger Naturlandschaft

Der Kroktinden ist ein zentraler Gipfel auf der Insel Austvågøya. Er versteckt sich etwas, sodass der Weg zu ihm lang und anstrengend ist. Belohnt wird der Wanderer durch sehr abwechslungsreiche Landschaften und tolles, spannendes Wandergelände mit hervorragender Aussicht in sehr einsame Gebiete der Lofoten.

Start/Ziel: Parkplatz in Sydalen vor Brenna, GPS N 68°17.261' E 014°21.671'

7,7 km

4 Std. 30 Min.

602 m/602 m

26-627 m

meistens deutliche Steigspuren, im oberen Bereich mit Steinmännchen markiert

mittelschwere Bergwanderung, im Birkenwald ein steiler Aufstieg, im Blockgelände zum See und zum Gipfelaufbau Orientierungssinn und Trittsicherheit erforderlich.

keine Einkehrmöglichkeiten auf der Tour, stattdessen Café und Supermarkt Straumanbutikken in Gravermarka, ca. 3 km entfernt Richtung Brenna, ☞ siehe Tour 8

keine Rastplätze, aber schöne Sitzmöglichkeiten am Pass (km 1,8 und 5,6), am See (km 2,9 und 4,7) und auf dem Gipfel (km 3,8)

Die Tour ist aufgrund des steilen und anstrengenden Geländes für Kinder nicht zu empfehlen.

Die Tour ist gut für Hunde geeignet, allerdings sind sie aufgrund der Weideflächen anzuleinen.

In Sydalen fahren Sie von Süden kommend an der Schule vorbei und nehmen vor einem blauen Haus die Schotterstraße nach rechts. Diese macht nach einer Weile einen Bogen und führt hinauf zum Friedhof. Hier stellen Sie das Auto ab.

Der Ausgangspunkt ist mit dem Bus nicht erreichbar.

Sie spazieren auf der Schotterstraße, die Sie mit dem Autor hinaufgefahren sind, ein kleines Stück zurück und biegen dann nach links in eine weitere Schotterstraße ein. Diese ist im Winter eine beleuchtete Langlaufloipe.

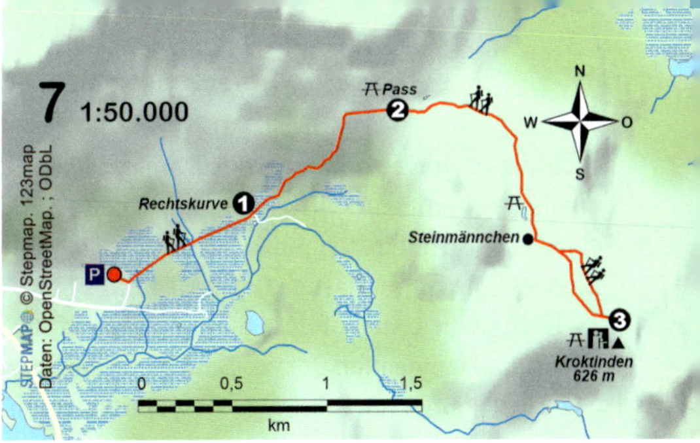

Sie folgen der Straße bis zu einer **Rechtskurve ❶**. Hier zweigt nach links ein Steig ab. Durch einen Birkenwald wandern Sie sanft und gemütlich aufwärts, hier ist es gerne ziemlich feucht. Bald gesellen sich von links Fichten zu den Birken und der Wald wird allmählich dunkler.

Sie gehen noch ein Stück geradeaus weiter und tauchen dann in einen sehr dunklen Fichtenwald ein. Das wirkt fast ein wenig unheimlich, denn wie war das noch mit den norwegischen Trollen? Da Trolle allerdings tagsüber nicht aus ihren Verstecken kommen können, da sie das Sonnenlicht fürchten, dürften Sie sicher sein.

In diesem Wald macht der Weg eine Linksabbiegung (dort, wo am wenigsten Bäume stehen) und bringt Sie hinauf zu einer kleinen Wiese. Wenig später betreten Sie wieder einen Birkenwald, durch den der Weg nach links aufwärtszieht. Die nächsten 100 Höhenmeter sind ziemlich steil und treiben Ihnen die Schweißperlen auf die Stirn.

Am oberen Ende des Birkenwaldes genießen Sie endlich eine großartige Aussicht auf das Tal und die Nachbarinsel Gimsøya. Nun folgt eine lange

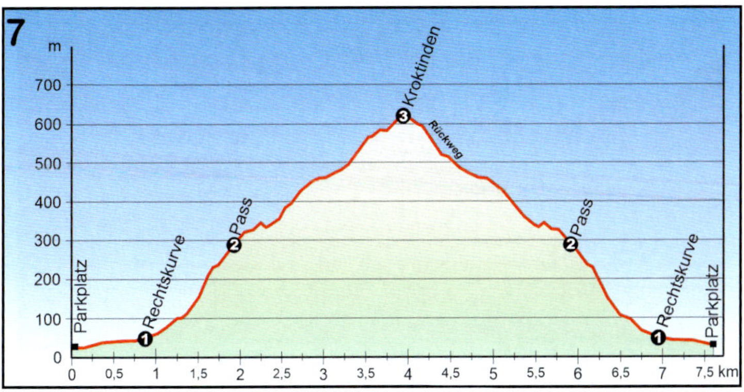

Querung nach rechts durch steiles Grasgelände. Kurz vor dem Pass kommt von links ein rot markierter Weg. Sie gehen geradeaus weiter und erreichen einen roten Briefkasten mit Wegbuch. Wenige Meter später stehen Sie am **Pass ❷**. Die Strommasten ziehen ebenfalls hier herauf.

Jetzt bleiben Sie auf dem Steig und lassen sich von den Steinmännchen rechts am Hang entlangleiten. Bald genießen Sie die herrliche Aussicht auf den Inderfjorden hinunter. Der Weg führt über ein paar gut begehbare Felsplatten und Blockgelände hinauf zu einem kleinen See. Vom Pass bis hierher ist es häufig richtig nass, sodass die Schuhe kaum komplett trocken bleiben. Am kleinen See turnen Sie links über Blöcke entlang. Oberhalb des Sees erblicken Sie bereits den steilen Zahn des Kroktinden. Nun folgen Sie den Steigspuren hinter dem See geradewegs aufwärts. Bald verliert sich der Steig im Wiesengelände. Sie wandern noch ein Stück geradeaus weiter und biegen dann nach links ab (Steinmännchen). Die Steigspuren ziehen geradeaus den Hang bergauf. Dann gibt es zwei Möglichkeiten für den Aufstieg. Wir empfehlen für den Aufstieg den rechten Weg. Steinmännchen leiten durch Blockgelände nach rechts bis zum Grat unterhalb des Gipfels. Hierher kraxeln Sie über festes Blockwerk. Dann queren Sie nach links zum Gipfelaufbau.

Der Blick weitet sich

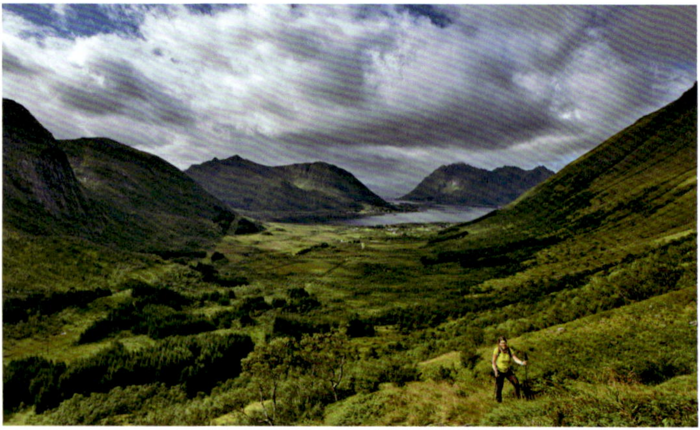

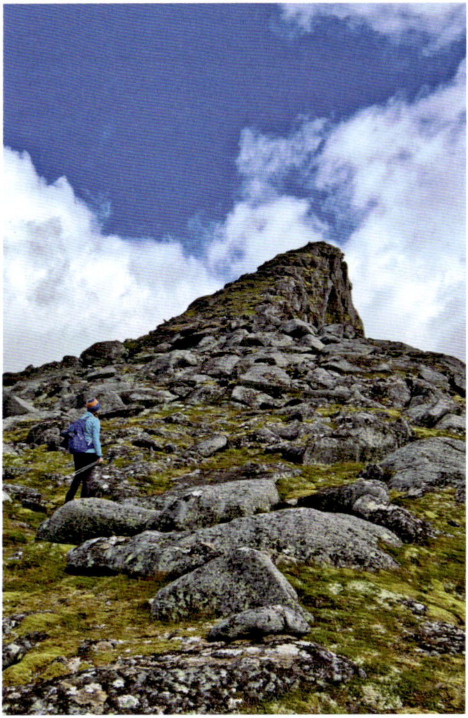

Unterm Gipfelaufbau

Ab hier ist der Gipfelaufstieg nicht mehr zu verpassen. Ein deutlicher Steig bringt Sie ziemlich steil hinauf auf den Gipfel des **Kroktinden ❸**. Neben dem Gipfelsteinmann setzen Sie sich auf die Felsen, lassen sich Ihre Rucksackbrotzeit schmecken und genießen eine grandiose Aussicht auf die höchsten Gipfel der Lofoten wie den Higravtinden, aber auch der mächtige Vågakallen grüßt herüber. Beeindruckend ist der Blick hinunter in den Inderfjorden und zur Nordspitze Austvågøyas.

Nach der gemütlichen Gipfelpause steigen Sie am Anstiegsweg wieder hinunter zum Ansatzpunkt des Gipfelaufbaus. Hier biegen Sie nach rechts ab und folgen den deutlichen Steigspuren über den mit Felsblöcken übersäten Kamm bergab. Weiter unten wird der Steig etwas undeutlicher, bis Sie nach scharf links abbiegen und auf deutlichen Spuren steil bergab zum See gehen. Von hier wandern Sie hinunter zum Pass und gehen dann weiter zum Parkplatz am Friedhof von Sydalen.

8 Von Gravermarka zum Svarttinden

Tour für Freunde einfacher Panorama-Gipfel-Freuden

Der Svarttinden ist ein frei stehender Gipfel über dem Gimsøystraumen. Vom Gipfel genießen Sie eine wunderbare Aussicht auf die Umgebung. Auf der Tour gewinnen Sie schnell an Höhe und mit jedem Meter wird die Sicht einfach großartiger. Der Anstieg ist zudem relativ einfach, sodass die Tour wirklich sehr empfehlenswert ist.

Start/Ziel: Parkplatz am Supermarkt von Gravermarka, GPS N 68°18.115' E 014°18.787'

6,7 km

4 Std.

685 m/685 m

3-687 m

mit Steinmännern, teilweise aber auch rot markiert

Es ist ein leichter Weg, der gut zu erkennen ist. Ohne technische Schwierigkeiten. Nur der Abschnitt im Wald ist etwas steiler.

Café Straumanbutikken am Ausgangs-/Endpunkt im Supermarkt, unterwegs keine weiteren Einkehrmöglichkeiten

keine Rastplätze, aber schöne Sitzmöglichkeiten am Vorgipfel (km 2,4 und 4,4) und auf dem Gipfel (km 3,4)

Die Tour ist mit Kinder gut machbar. Der Gipfelgrat zieht sich etwas, man kann aber auch auf dem Vorgipfel bleiben. Hier kann man schön ein paar Steinmännchen bauen.

Die Tour ist gut für Hunde geeignet, wenn Schafe auf der Weide sind, müssen Sie Ihren Hund bitte anleinen.

Im Ort ist das Parken schwierig, daher empfehlen wir, am Café/Supermarkt zu parken. Bitte vorher dort fragen und danach einkehren oder einkaufen.

Der Ausgangspunkt ist mit dem Bus nicht erreichbar.

Vom Parkplatz am Supermarkt gehen Sie hinauf zur Straße. Durch den Ort wandern Sie zurück in Richtung Süden, bis Sie ein Schild mit der Aufschrift „Turista" nach links oben weist. Neben einer Garage steht ein

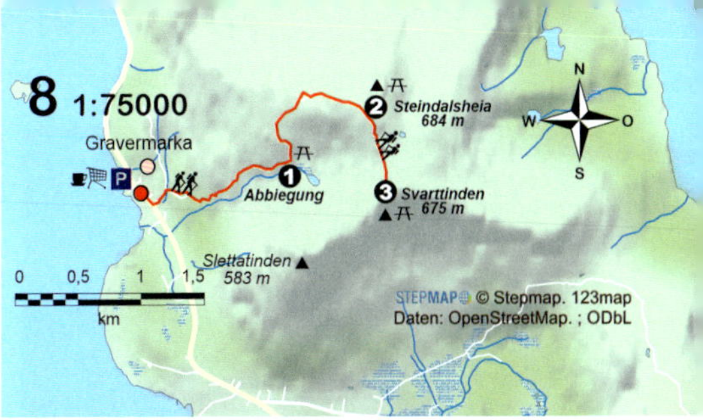

zweites Schild und schickt Sie in die Wiese. Sie gehen hinauf zu einem Zaun. Das Gatter schließen Sie nach dem Durchgang natürlich wieder. Hier leitet Sie ein roter Pfeil nach rechts. Sie überqueren den Bach und tauchen in den Wald ein. Jetzt biegen Sie gleich nach links ab. Steil und anstrengend führt der Steig durch den Nadelwald bergauf. Teils müssen Sie ganz schön große Schritte über die Wurzeln machen.

Nach diesem Steilstück wandern Sie im Wald etwas flacher nach rechts und verlassen dann den Wald. Das Gelände ist immer noch steil. Über freies, mit Felsblöcken durchsetztes Wiesengelände steigen und kraxeln Sie weiter bergauf bis zu einem Absatz. Hier haben Sie bereits einen herrlichen Blick hinunter zum Ort, dem Gimsøystraumen und der Nachbarinsel Gimsøya. Sie gehen nun deutlich flacher hinauf in ein Tal. Vor Ihnen sehen Sie bereits den Svarttinden, das heutige Gipfelziel. Der Weg dreht nach links ab ❶ und führt nun wieder steiler einen Rücken hinauf. Sie passieren das Steigbuch und kommen bald zu einem Steinmann, von dem sich ein schöner Blick hinunter auf das Meer bietet.

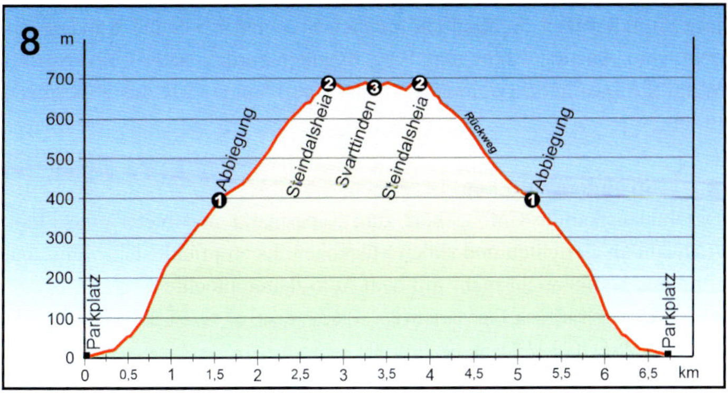

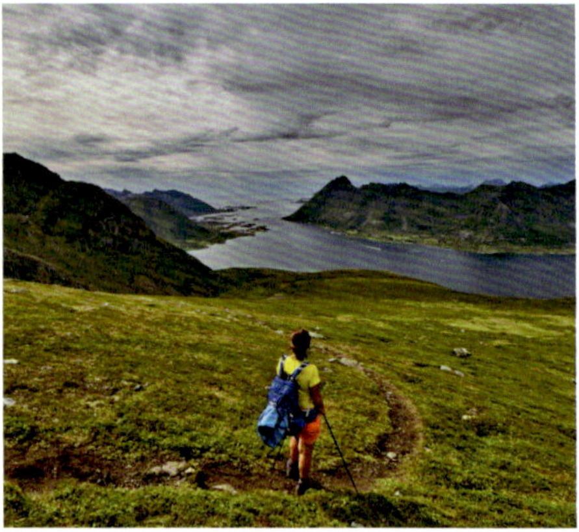

Der Weg bietet eine grandiose Aussicht

Der Weg bringt Sie nun hinüber zum Kamm der Steindalsheia. Bei verschiedenen Wegverzweigungen nehmen Sie eher den linken oder nach oben führenden Weg. Keinesfalls leicht abfallenden Wegen folgen, da diese enden. Sie gehen knapp unter dem höchsten Punkt der **Steindalsheia** ❷ vorbei und wandern über Blockwerk in die Senke vor dem **Svarttinden**. Ohne besondere Probleme, aber trotzdem etwas schweißtreibend steigen Sie nun über den breiten Grat hinauf zum Gipfel mit seinem großen Steinmann ❸. Großartig ist die Aussicht von hier oben. Sie erkennen berühmte Gipfel wie den Rundfjellet, die Matmora oder den Higravstinden im Osten. Aber auch die anderen Inseln der Lofoten sind wunderbar sichtbar. Wie immer ist der Blick hinunter zum Meer sehr beeindruckend.

Hier am Gipfel lassen Sie sich ausreichend Zeit für das Panorama und Ihre Gipfelbrotzeit. Schließlich brechen Sie wieder auf und wandern auf dem vom Anstieg bekannten Weg hinunter zurück nach Gravermarka. Wenn Sie Lust haben, kehren Sie danach im kleinen Café des Supermarktes ein.

☕ Straumanbutikken

Das bodenständige Café gehört zum Supermarkt und bietet eine kleine Auswahl an Gerichten und süßen Stückchen. Es empfiehlt sich, wenn man für einen Kaffee nicht mehr mit dem Auto fahren möchte.

♦ Straumanbutikken, Brennaveien 839, Gravermarka, ☏ +47/76 07 83 00, Mo-Fr 8:00-17:00, Sa 10:00-15:00

Die Inseln Gimsøya und Vestvågøya

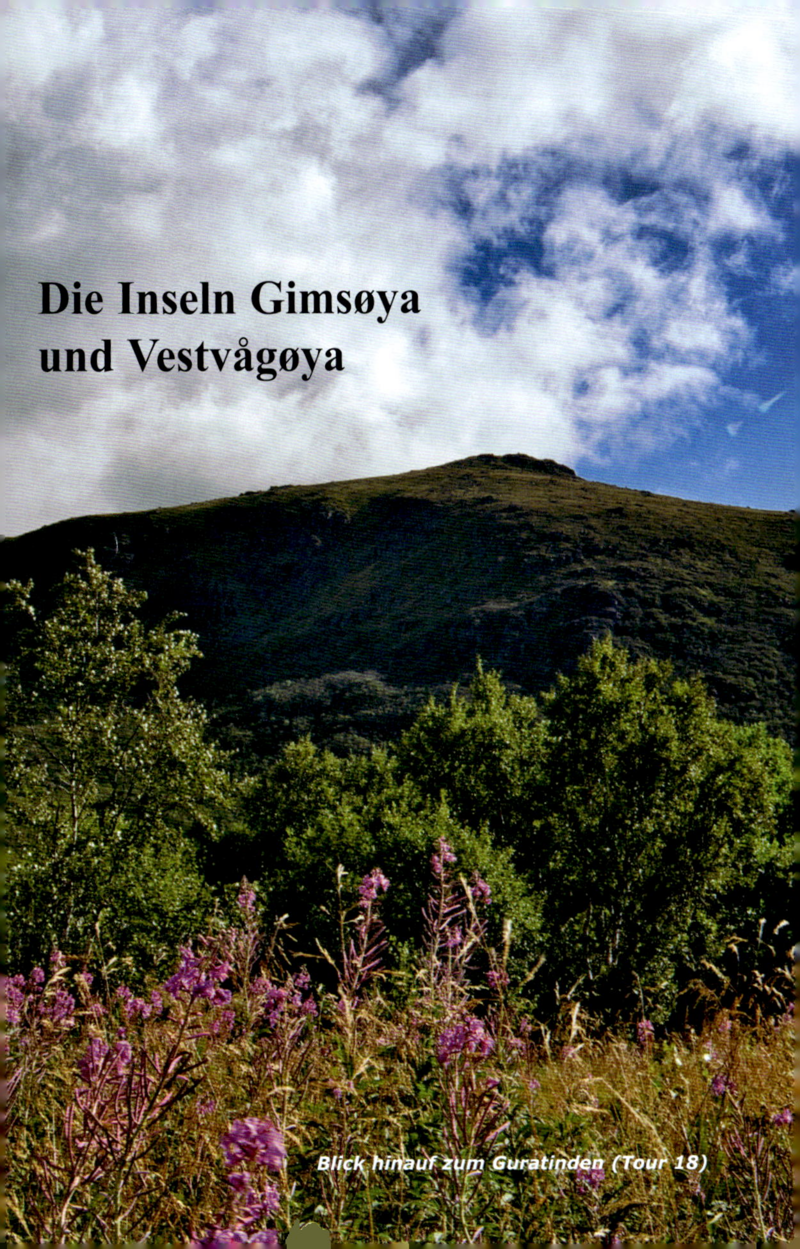

Blick hinauf zum Guratinden (Tour 18)

9 Auf den Storknubben auf Gimsøya

Tour für Freunde schnell erreichter Aussichtslogen

Der Storknubben ist ein kleiner Gipfel auf der Insel Gimsøya. Der Anstieg ist nicht besonders lang und gleichzeitig leicht, sodass die Wanderung viel Ertrag für wenig Aufwand bietet. Eine wirklich nette Tour mit großartiger Aussicht, entweder für einen halben Tag oder mit viel Zeit zum Dahinschlendern. Es ist auch eine perfekte Tour mit den Kindern.

Start/Ziel: Parkplatz in Richtung Jenndalen, GPS N 68°17.776' E 014°10.339'

5 km

3 Std. 30 Min.

551 m/551 m

30-548 m

gut mit roten Markierungen und Steinmännchen markiert

guter, einfacher Wanderweg

Keine Einkehrmöglichkeiten auf der Tour. Das Restaurant und Café Låven auf Gimsøya bietet sich an (6,5 km vom Parkplatz).

keine Rastplätze, aber schöne Sitzmöglichkeiten auf dem Gipfel (km 2,5)

Die Tour kann mit Kindern gut unternommen werden, da sie einfach und nicht zu lang ist. Die weiten Flächen im oberen Bereich bieten genügend Platz zum Spielen.

Die Tour ist gut für Hunde geeignet, sie sollten aber aufgrund der Schafweide angeleint werden.

Sie fahren auf Gimsøya in Richtung Hov, bis nach rechts die Straße in Richtung Jenndalen abzweigt. In der ersten Kurve auf der Schotterstraße beginnt der Steig. Hier parken Sie.

Der Ausgangspunkt ist mit dem Bus nicht erreichbar.

Gleich zu Beginn am Parkplatz gehen Sie durch ein Schafgatter und steigen durch ein kleines Birkenwäldchen bergauf. Die Durchquerung von Birkenwäldchen ist normalerweise immer recht beschwerlich, hier aber macht es fast Vergnügen. Auf dem Steig kraxeln Sie problemlos über ein paar Felsplatten, was den Kindern richtig viel Spaß macht. Weiter zieht der Steig über nun freies Gelände bergauf zu einem **Rücken 1**.

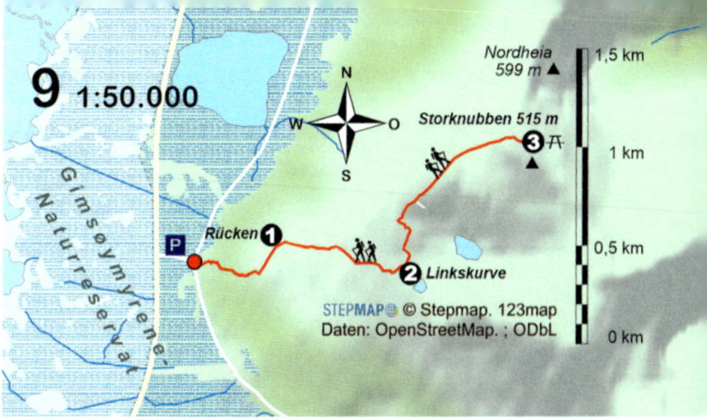

Hier nehmen Sie sich Zeit und genießen den großartigen Blick auf den Hoven im Norden von Gimsøya. Der Hoven steht sehr singulär im sonst recht flachen Gelände und wirkt, als würde er direkt aus dem Meer auftauchen – immer ein perfektes Fotomotiv.

Schließlich wandern Sie weiter und queren waagrecht nach rechts in ein Tal hinein. Bald schon zieht der Weg wieder nach links ❷ hinauf. Nun erwartet Sie eine etwas steilere Passage, die Sie vielleicht sogar zum Schwitzen bringt. Danach erreichen Sie den breiten Gipfelrücken. Ohne Probleme wandern Sie hinauf zum Gipfel des **Storknubben** ❸ und genießen eine herrliche Aussicht auf die Insel Vestvågøya und den wunderschönen Hoven auf Gimsøya. Da es sich um eine eher kurze Tour handelt, können Sie sich viel Zeit für die Gipfelrast nehmen. Das Panorama ist wirklich fein.

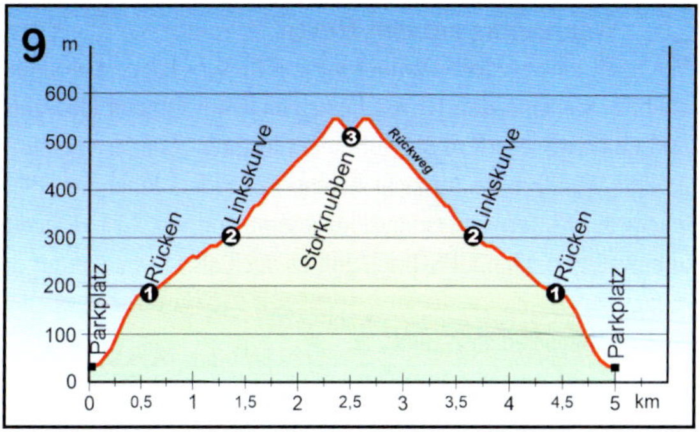

Schließlich machen Sie sich nach der gemütlichen Gipfelpause an den Abstieg. Weit ist es nicht. Den Weg kennen Sie bereits vom Anstieg und so wandern Sie zügig wieder hinunter zum Parkplatz.

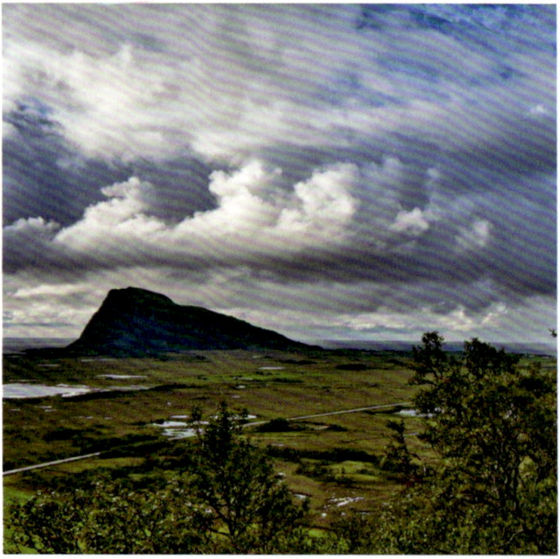

Schöner Blick zum Hoven

Auch wenn vom Gipfel Steigspuren in einen Sattel hinunterführen, wird von dieser Abstiegsvariante abgeraten. Der Steig ist im Gratbereich noch gut zu begehen, wenn auch teilweise recht ausgesetzt. Der weitere Abstieg durch das Tal zum Aufstiegsweg ist aber weglos und führt teilweise über ziemlich grobes Blockgelände, das häufig komplett von Flechten überwachsen ist. Das ist wirklich sehr unangenehm. Nehmen Sie lieber den Aufstiegsweg für den Abstieg.

☺ Wanderung auf den Hoven

Wer noch eine weitere Wanderung auf dieser kleinen Lofoteninsel unternehmen möchte, der kann den Hoven besteigen. Vom Ortsteil Hov ganz im Norden der Insel Gimsøya wandern Sie auf einem leichten Wanderweg zum Gipfel, von dem Sie eine wunderbare Aussicht haben. Besonders lohnt sich diese Wanderung im Schein der Mitternachtssonne. Insgesamt sind nur 333 Höhenmeter und 3,7 km zu bewältigen. Den GPS-Track gibt es auch als Download auf der Homepage des Verlags,

www.conrad-stein-verlag.de.

Låven

Das Restaurant und Café auf Gimsøya ist sehr zu empfehlen. Hier schmeckt das Essen gut und der Service ist wirklich angenehm.

♦ Låven, Tore Hjorts vei 471, Gimsøysand, ☎ +47/94 09 72 71, hovgard.no, laven@hovgard.no, tgl. 9:00-22:00

10 Über den langen Grat zum Middagstinden

Tour für Freunde von luftigen Aussichtstouren

Die Wanderung zum Middagstinden besticht durch einen grandiosen Gratweg. Sie spazieren gefühlt zwischen Himmel und Erde. Derweil bewegen Sie sich tatsächlich spektakulär hoch über dem Meer. Der Weg ist einfach nur grandios und dabei nicht besonders schwer. Das Panorama durch die Lage auf der von Meer umgebenen Halbinsel ist absolut beeindruckend. Sie werden immer wieder stehen bleiben und rundum blicken.

⇆ Start/Ziel: Parkmöglichkeit kurz vor Kvalnes bei einer Antenne, GPS N 68°20.683' E 013°56.928'

8,1 km

5 Std.

↑↓ 712 m/712 m

⇧ 17-637 m

Am Beginn des Grates geht man durch ein Birkenwäldchen

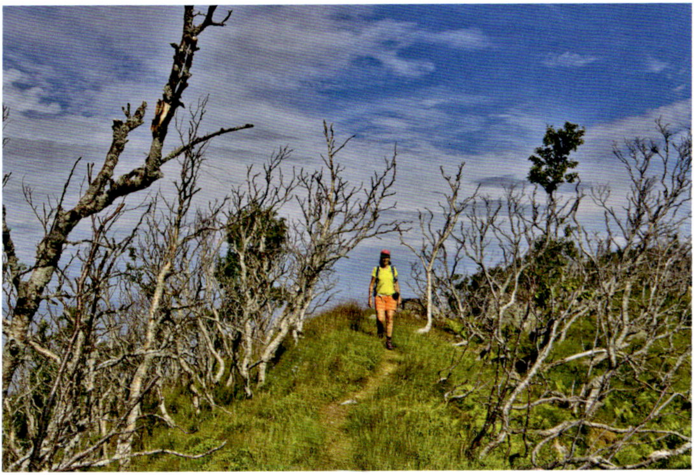

schmale Steige, die gut erkennbar sind, keine Markierungen

Es ist eine mittelschwere Wanderung, die nicht besonders ausgesetzt ist. Trittsicherheit ist erforderlich.

keine Einkehrmöglichkeiten auf der Tour, stattdessen Café Gamle Skola in Lyngedal, ca. 14 km entfernt, ☞ siehe Tour 12

keine Rastplätze, aber schöne Sitzmöglichkeiten auf dem Gipfel (km 4,1) und auf dem Gratrücken (km 3 und 5)

Die Tour ist für Kinder nicht geeignet, höchstens bis zur Höhe des Sees könnten Sie mit ihnen wandern, allerdings führt kein Weg zum See hinunter.

Die Tour ist für Hunde nicht geeignet.

Wenn Sie von Leknes kommen und in Richtung Kvalnes fahren, sehen Sie vor dem Ort eine Antenne auf der rechten Seite. Hier können Sie parken. Die Zufahrt dabei bitte nicht versperren! Wenn es hier voll ist, können Sie in einer Parkbucht etwas vor dieser Parkmöglichkeit Ihr Auto abstellen.

Der Ausgangspunkt ist mit dem Bus nicht erreichbar.

Vom Parkplatz gehen Sie zunächst durch das Schafgatter (bitte schließen) und folgen der Schotterstraße noch ein paar Meter, bis nach links ein Steig abzweigt. Hier biegen Sie nun auf den Steig ab und wandern auf ihm ganz gemütlich schräg nach links oben. Sie halten im Wesentlichen die Richtung bei und erreichen bei einem Birkenwäldchen einen Rücken kurz unterhalb von steileren Hängen.

Vom Rücken steigen Sie ein paar Meter ab und spazieren nach links durch ein Tälchen mit kleinen Birken. Nach einer längeren Wanderung durch das Tälchen dreht der Weg nach rechts ab und führt steil und schweißtreibend bergauf. Sie steigen bergauf bis kurz **unterhalb eines Sees ❶**.

Jetzt wenden Sie sich nach links und erreichen weit nach links ausholend einen Rücken. Dieser Rücken trägt ebenfalls kleine Birken auf sich. Sie wandern durch das verwunschene Birkenwäldchen und kommen bald zum freien Grat. Der Weiterweg ist nun ein Fest für die Augen. Sie genießen eine prächtige Aussicht auf das Meer, die umliegenden Berge – auch auf die auf den Nachbarinseln – sowie die Seeaugen im Kar rechts unterhalb. Oberhalb der Seen erhebt sich ein Felskamm, zu dem Sie aufsteigen. Der reinste Genuss ist dieser „Spaziergang“ auf dem Grat.

Schließlich taucht vor Ihnen ein **Steinmann ❷** auf, an dem Sie sich eine Pause gönnen. Das ist auch schon ein echter Logenplatz hier. Bald schon wandern Sie aber wieder weiter, da der Gipfel lockt. Ein paar Meter müssen Sie aber vom Steinmann aus absteigen und in der Folge ein paar Grataufschwünge auf der linken Seite umgehen. Sie stehen nun vor dem mächtigen Klotz des Middagstinden. Fast schon bedrohlich dunkel wirkt die Nordseite. Trotzdem steigen Sie mutig am Steig durch die Flanke in die Höhe bis zum Gipfelgrat. Trotz der Steilheit des Geländes ist der Weg nicht sehr ausgesetzt. Am Grat wenden Sie sich nach rechts und wandern jetzt wieder etwas gemütlicher die letzten Meter hinauf zum großen Steinmann auf dem **Middagstinden ❸**. Sie sitzen auf einem großartigen Aussichtspunkt.

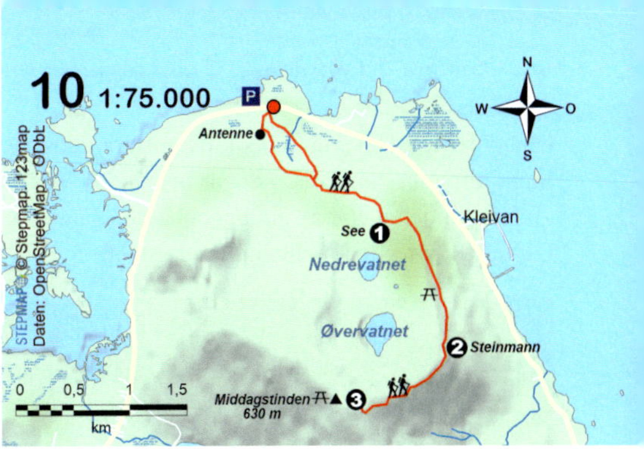

Das Panorama ist wirklich grandios, vor allem hinüber zur Insel Gimsøya mit dem Hoven. Beeindruckend ist aber auch der Blick zum

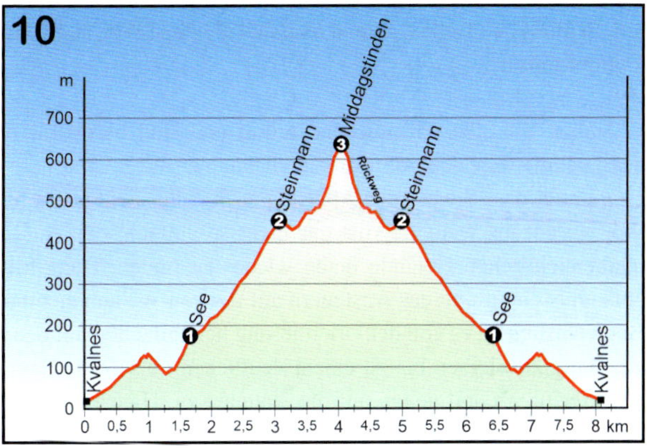

benachbarten Haveren, ebenfalls ein grandioser Gipfel, und natürlich die Sicht hinunter zum Meer. Sogar bis zu den Vesterålen reicht der Blick.

Hier endet auch das gut begehbare Gelände, weshalb einer ausgiebigen Gipfelrast wirklich nichts im Wege steht.

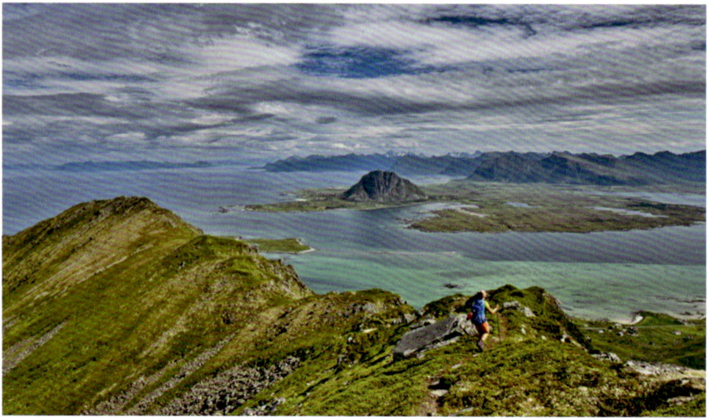

Abstieg über den Grat

Steigspuren führen zwar noch zu einem weiteren Gipfel. Der Übergang erfordert aber ziemlich ausgesetzte Kletterei, sodass wir empfehlen, hier Schluss zu machen. Zumal man den gleichen Weg auch wieder zurückklettern müsste.

Haben Sie sich entsprechend erholt und sind bereit für den Abstieg, dann nehmen Sie den vom Aufstieg bekannten Weg. Unterhalb des Sees ist es wichtig, dass Sie auf den Abzweig nach rechts achten. Es führt auch ein Weg geradeaus weiter. Es ist gar nicht so einfach, den Aufstiegsweg im unübersichtlichen Gelände unten wieder zu finden. Dann hilft ein Blick aufs GPS-Gerät und das Ansteuern auf die von Weitem sichtbare Antenne. Beim Abstieg ist es von der Orientierung her einfacher, auf den Steigspuren am Hang zu bleiben bis zu einem deutlichen Felsblock. Dann biegen Sie nach rechts ab und gehen auf die Antenne zu. Hier beginnt der Schotterweg, der Sie bis zum Parkplatz bringt.

11 Auf den mächtigen Haveren

Tour für Liebhaber eines mächtigen Gipfelthrons

Der Haveren ist ein mächtiger Berg im Norden Vestvågøyas. Von vielen anderen Gipfeln erblickt man diesen majestätischen Gebirgsstock. Es ist überraschend, dass der Anstieg verhältnismäßig einfach ist. Zu Beginn braucht es etwas Orientierung und am Gipfelgrat Trittsicherheit, aber größere Herausforderungen stellen sich auf dem Weg nach oben nicht in den Weg.

⇆ Start/Ziel: Parkmöglichkeit an der kleinen Bucht am Bach in Bø, GPS N 68°19.196' E 013°54.885'

➲ 7,2 km

⌛ 5 Std.

↑↓ 743 m/743 m

⇧ 17-759 m

✎ schmale Steige, die gut erkennbar sind, im oberen Bereich teilweise Steinmännchen

Im unteren Teil des Weges zum Haveren

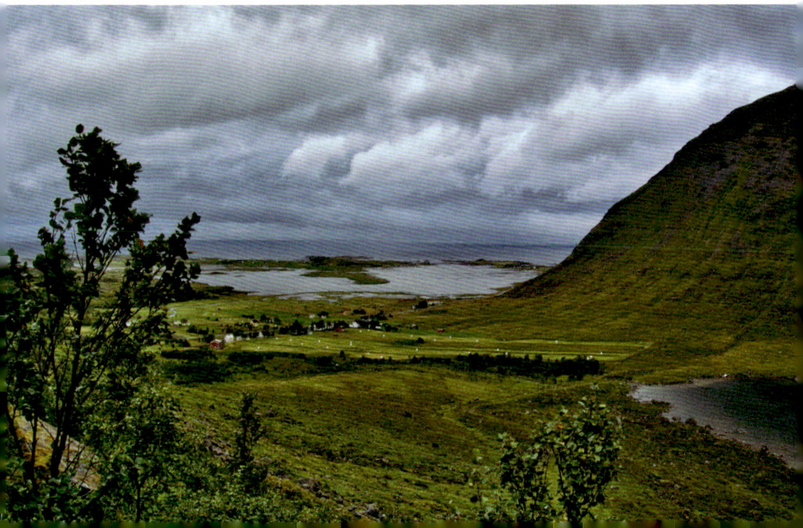

Mittelschwere Wanderung auf gutem Steig bis zum Vorgipfel. Das Birkenwäldchen ist etwas mühsam, am Gipfelhang ist ein Geröllfeld auf undeutlichem Pfad zu überwinden. Der Übergang zum Gipfel ist schmal und ausgesetzt. Trittsicherheit ist erforderlich.

keine Einkehrmöglichkeiten auf der Tour, stattdessen Café Gamle Skola in Lyngedal, ca. 14 km entfernt, ☞ siehe Tour 12

Es gibt keine Rastplätze, aber schöne Sitzmöglichkeiten am Vorgipfel (km 3,1). Auch am Hauptgipfel (km 3,6) kann man Pause machen, hier ist aber deutlich weniger Platz als am Vorgipfel.

Die Tour ist für Kinder nicht geeignet.

Die Tour ist für Hunde bis zum Vorgipfel gut geeignet. Den schmalen Übergang sollte man Hunden ersparen.

P Fahren Sie bis nach Bø und parken Sie direkt an der kleinen Bucht am Bach. Bitte keine Einfahrt behindern.

Der Ausgangspunkt ist mit dem Bus nicht erreichbar.

Sie parken in Bø direkt an der kleinen Bucht am Bach. Von hier gehen Sie auf das Feld rechts vom Bach und peilen einen großen Stein schräg rechts vor Ihnen an. Dabei queren Sie idealerweise am Rand des Feldes. Häufig ist das eine recht nasse Angelegenheit. Am großen Stein angekommen übersteigen Sie den Zaun und wandern weglos in österlicher Richtung durch das kleine Birkenwäldchen. Das kann ein wenig anstrengend sein. Gerade den Überblick zu behalten, ist hier eine kleine Übung. Sie peilen ein Holztor im Zaun an. Es ist allerdings einfacher, den Zaun zu überqueren, anstatt durch das Holztor zu gehen. Direkt hinter dem Zaun beginnt endlich ein Steig. Dieser führt nach links bis kurz vor den idyllisch gelegenen See **Bøvatnet ❶**. Sie treffen auf eine Wegteilung und nehmen den rechten Steig in Richtung Haveren. Das gute Weglein wird bald steiler und führt zu einem weiteren Birkenwäldchen. Durch dieses geht es wirklich ziemlich mühsam hindurch und vor allem hinauf. Immer wieder springen einem die Birkenzweige direkt ins Gesicht. Schließlich sind Sie hindurch und können nun endlich über freies Gelände hinauf zu einem kleinen Karkessel steigen.

Von hier bietet sich bereits ein herrlicher Blick in Richtung Küste und hinunter zum hübschen See Bøvatnet. Der Steig schlängelt sich nun in vielen Kehren über den Rücken auf der rechten Seite bergauf. Zum Schluss

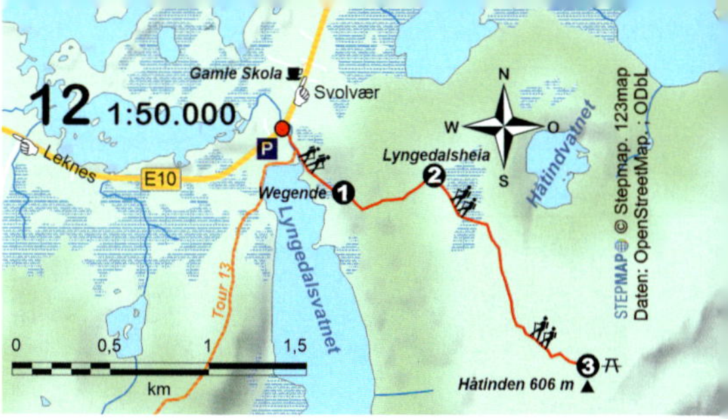

ist hier oft sehr dicht, was ein Durchkommen etwas erschwert. Aber bereits nach ein paar Metern überqueren Sie auf einem Brett einen kleinen Bach und stehen im Wald. Hier wird die Vegetation etwas schwächer und der Steig deutlicher ausgeprägt. Zudem ist er mit orangen Punkten markiert. Er führt erst durch das Wäldchen bergauf zu einer Lichtung. Hier ist es oft ziemlich feucht und auch rutschig. Dann wechseln Sie in den Nadelwald. Nun steigen Sie immer ziemlich steil nach oben und achten darauf, dass Sie nicht ausrutschen.

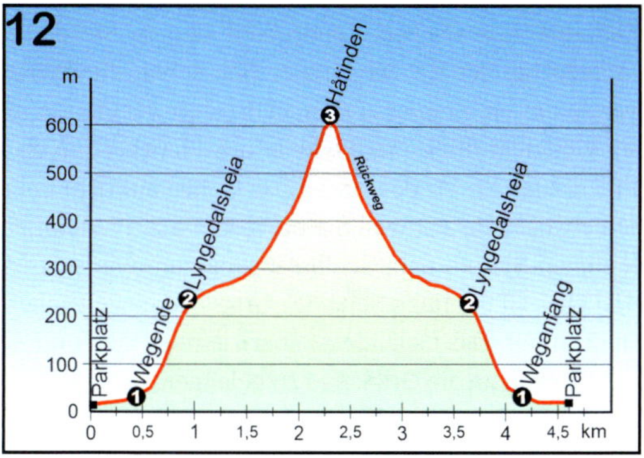

Nach dem Nadelwald wird das Gehölz etwas weniger dicht, der Steig dafür richtig steil und auch noch mit teils wackeligen Steinen durchsetzt. Die Ausblicke zum Hellostinden und zum See hinunter werden dafür immer schöner und Sie gönnen sich deshalb immer mal wieder einen Blick.

Bei unserer Erkundung hatten wir auf dieser Tour das einzige Mal Kontakt zu fiesen Stechmücken und auch nur im Abschnitt von den Gebäuden bis hinauf zum Moorgebiet. Deshalb waren wir hier etwas schneller unterwegs. Sie queren leicht ansteigend nach links und kraxeln noch einmal steil hinauf zur **Lyngedalsheia ❷.**

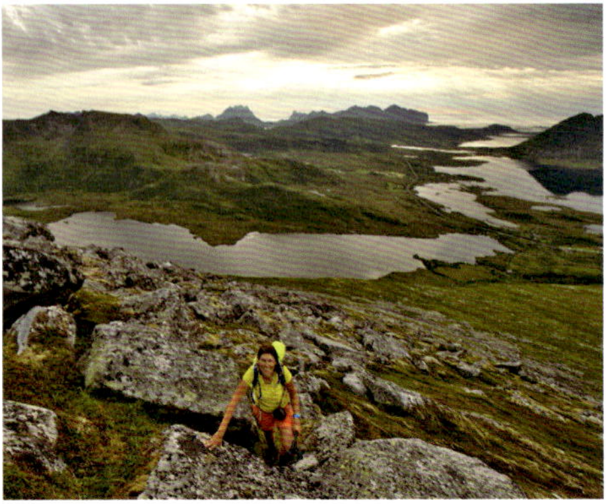

Über große Blöcke geht es aufwärts

Die Lyngedalsheia ist ein Moorgebiet, *heia* bedeutet „Heide“ und wirklich gibt es hier Moos und Erika satt. Die orange angepinselten Stöcke zeigen nach rechts, kurz dahinter treffen Sie auch noch auf einen Steinmann mit der letzten orangenen Markierung. Jetzt gilt es, den Gipfelrücken des Håtinden zu erreichen. Tendenziell steuern Sie den linken Grat an. Wir konnten bei der Recherche ziemlich schräg hinüberqueren. Das Gelände war zu diesem Zeitpunkt aber auch sehr trocken. Bei mehr Feuchte müssen Sie vielleicht direkt zur Ostseite des Plateaus queren. Weglos steigen Sie hinauf zum Ansatz des Grats. Das Gehen auf dem hohen Moos ist tatsächlich etwas mühsam, weil Sie bei jedem Schritt ziemlich einsinken. Endlich beginnen Sie mit dem Schlussanstieg zum Gipfel. Sie halten sich tendenziell eher an die linke Seite des Grats. Vereinzelt sehen Sie auch schwache Steigspuren. Das Gelände ist aber ziemlich steil und Sie sollten aufpassen, nicht zu nah an die Gratkante zu gelangen, da es sich um eine Abbruchkante handelt. Im Wesentlichen kraxeln Sie über steiles Grasgelände nach oben. Zwischendurch ist ein Ausweichen auf das Blockgelände aber unvermeidlich. Nach oben hin flacht der Gipfel etwas ab, sodass die letzten Meter zum großen Steinmann auf dem **Håtinden ❸** nicht mehr ganz so anstrengend sind.

Die Aussicht war schon beim Anstieg großartig und ist jetzt wirklich majestätisch. Am Horizont nach Westen sticht der markante Himmeltindan mit seiner Radarstation am Hauptgipfel hervor. Unter Ihnen liegen schöne Seen und dahinter nach Nordwesten das Massiv des Haveren. Sehr gut können Sie die Nachbarinsel Gimsøya erkennen und den einzigartigen Hoven. Auf der anderen Seite in Richtung Südosten beeindruckt der mächtige Vågakallen. Rechts daneben können Sie das Fischerdorf Henningsvær erkennen. Hier auf der gemütlichen Fläche lässt es sich gut rasten.

Doch irgendwann müssen Sie ja wieder absteigen. Am besten nutzen Sie den vom Aufstieg bekannten Weg, alles andere macht keinen Sinn. Obwohl man das kaum vermutet, sind die Steigspuren in der Gipfelflanke im Abstieg besser zu erkennen als im Aufstieg. Dafür ist der Übergang auf der großen Moorfläche nach links zum Wald dann deutlich schlechter zu finden. Im Wald geben Sie acht, denn das steile, feuchte Gelände ist mit einigen wackeligen und nicht immer gut erkennbaren Steinen durchsetzt. Schließlich stehen Sie wieder an den Gebäuden und spazieren auf dem Schotterweg zurück zum Ausgangspunkt.

Gamle Skola

Das Café in Lyngedal hat ganz leckere Zimtschnecken und ist wirklich zu empfehlen.

♦ Gamle Skola, Grundstadveien 454, Lyngedal, ☏ +47/76 08 42 64, https://www.facebook.com/gamleskola, post@gamleskola.com, Sa-So 11:00-18:00 (ggf. nachfragen, bei unserer Erkundung war das Café jeden Tag geöffnet!)

Auf dem Håtinden, hinten der Haveren

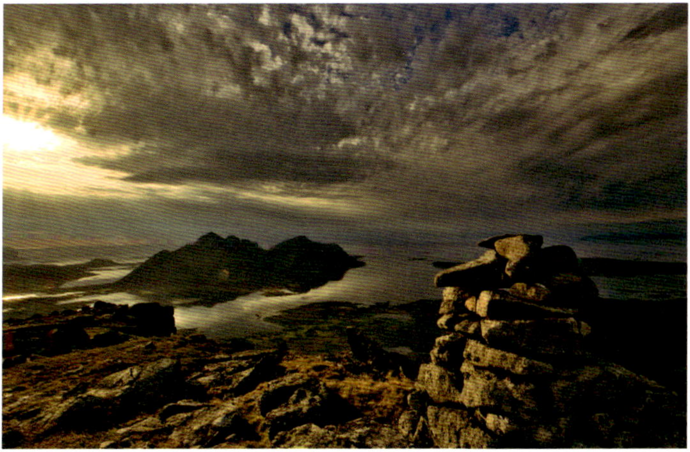

13 Gemütlich zum Hellostinden

Tour für entspanntes Wandern

Im Gegensatz zum benachbarten Håtinden ist der Anstieg zum Hellostinden relativ einfach und gemütlich. Sie benötigen lediglich etwas Geduld, bis Sie endlich auf dem weiten Gipfeldach stehen und die Aussicht auf die umliegenden Berge, den See Lyngedalsvatnet und das Meer genießen können.

- Start/Ziel: Parkplatz in Lyngedal, GPS N 68°15.540' E 014°02.604'
- 8,6 km
- 4 Std. 30 Min.
- 534 m/534 m
- 17-550 m
- Bis zum See ist mit Bambusstäben (orange angemalt) markiert. Danach gibt es vereinzelt orange Kreuze an Steinen, im Abstieg besser zu finden.
- Der Anstieg weist keine besonderen Schwierigkeiten oder gefährlichen Stellen auf.
- In der Nähe des Parkplatzes liegt das Café Gamle Skola in Lyngedal, ☞ siehe Tour 12.
- keine Rastplätze, aber schöne Sitzmöglichkeiten am Gipfel (km 4,3) und am See (km 2,4 und 6,2)
- Die Tour ist für Kinder geeignet. Der Weg zieht sich allerdings. Kinder können aber z. B. auch mit einem Elternteil am See bleiben und spielen. Auch Beerenpflücken ist interessant.
- Die Tour ist für Hunde gut geeignet.
- P Sie fahren auf der E10 von Svolvær in Richtung Leknes. Sie passieren das Café Gamle Skola auf der rechten Seite. 200 m dahinter befindet sich auf der linken Seite eine Einfahrt mit zwei Parkplätzen. Hier steht ein Schild mit der Aufschrift „Lyngedal“. Sollte hier kein Parkplatz mehr frei sein, dürfen Sie auch am Café parken.
- Die Linie 18-741 fährt mehrmals täglich nach Leknes und hält an der E10 am Café unweit des Parkplatzes.

Vom Parkplatz folgen Sie der Schotterstraße an der Schranke vorbei und biegen gleich nach rechts ab (Wegweiser „Gapahuk“). Sie gehen über eine

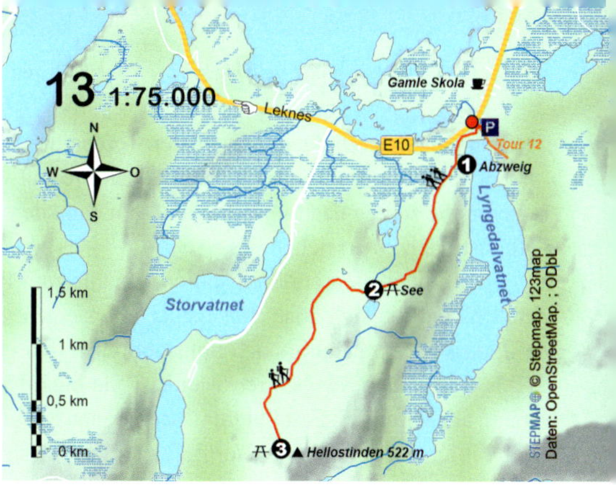

Brücke und spazieren auf dem Steig um den See herum. Teilweise sind die feuchten Stellen mit Bretterstegen ausgelegt, sodass Sie trockenen Fußes am Ufer entlang wandern können. Nach einer Hütte müssen Sie bald aufpassen, denn Sie kommen hier zum **Abzweig ❶**, den Sie nicht verpassen dürfen. Vom Hauptweg führen Steigspuren nach rechts in Richtung Hellostinden. Leider fehlt hier eine Markierung oder ein Schild.

Der Steig bringt Sie anfangs durch ziemlich feuchtes Gelände, er wird dafür bald deutlicher. Sanft ansteigend erreichen Sie einen kleinen Hügel. Direkt dahinter wandern Sie hinunter in eine Senke. Dabei durchqueren Sie ein kleines Birkenwäldchen.

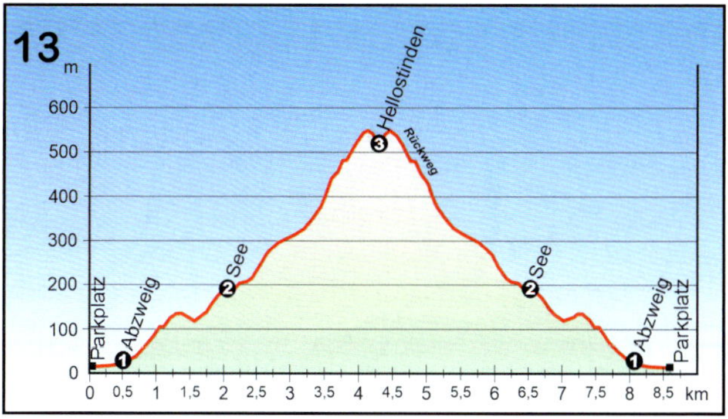

Der Weg führt aus der Senke ein Stück nach rechts und zieht dann hinauf bis vor einen **See ❷.** Hier biegen Sie gleich nach rechts ab und queren schräg hinüber zu einer Stromleitung. Nun folgen Sie den etwas undeutlicheren Steigspuren entlang der Stromleitung. Sie bleiben auf der Höhe und ziehen dann nach links bergauf. Hier werden die Steigspuren wieder deutlicher. Sie erreichen einen kleinen Absatz rechts von einem Hügel. Jetzt queren Sie schräg nach links hinüber, um dann den rechten Gratrücken des Hellostinden zu erreichen.

Hier gibt es mehrere Steigspuren, die alle zum Rücken führen. Tendenziell halten Sie sich aber eher rechts. Sie steigen nun hinauf, passen aber auf, dass Sie rechtzeitig nach links abdrehen (bei guter Sicht nicht zu verfehlen). Auf den Steigspuren wandern Sie hinauf zu einem großen Steinmann am Vorgipfel. Erst kurz davor erkennen Sie, dass es eben nicht schon der Gipfel, sondern nur der Vorgipfel ist. Die Aussicht nach Norden auf das Massiv des Haveren und den einzeln dastehenden Hoven auf Gimsøya ist sehr beeindruckend.

Nun wandern Sie geradeaus weiter in Richtung Hauptgipfel. Hier existiert kein Steig mehr, Sie gehen einfach weglos über das Gras, bis Sie am höchsten Punkt des **Hellostinden** ❸ stehen. Jetzt legen Sie eine ausgiebige Rast ein und genießen das Panorama, denn die Aussicht auf die umliegenden Berggipfel und das viele Wasser auf und um Vestvågøya ist

Blick zum Haveren. Rechts der Hoven auf Gimsøya

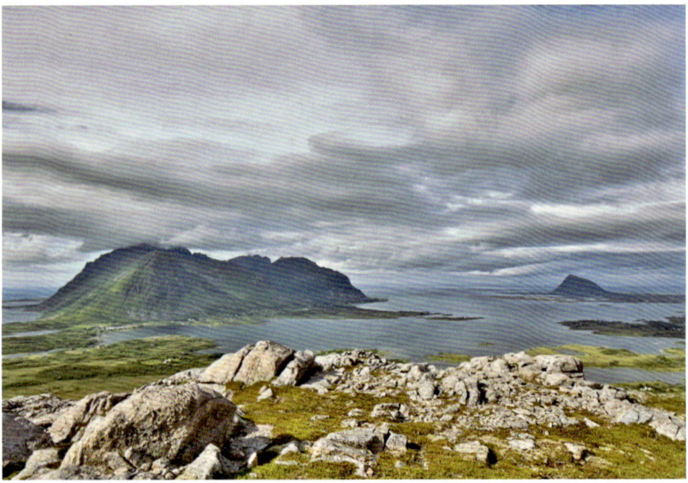

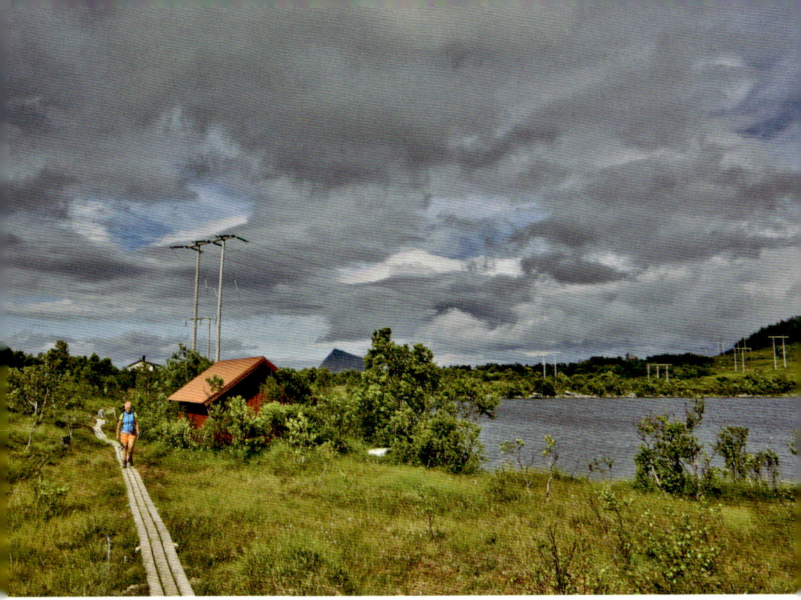

Der See ist Ausgangs- und Endpunkt der Wanderung

wirklich großartig. Ganz nahe sehen Sie den Gipfel des Trolldalstinden. Und von gegenüber dem See Lyngedalsvatnet grüßt der Håtinden herüber.

Da es dann doch etwas kalt auf dem Gipfel wird, machen Sie sich an den Abstieg. Dazu wandern Sie auf dem vom Aufstieg bekannten Weg zurück, zuerst zum Vorgipfel und dann hinunter bis zu den Stromleitungen und von diesen weiter zum kleinen See. Auf dem gemütlichen Steig spazieren Sie zum Aufschwung kurz vor dem See Lyngedalsvatnet und bewundern nochmal den Blick über den malerischen See und dem steil dahinter aufragenden Håtinden. Zurück am Ufer gehen Sie wieder um den See herum zum Schotterweg, der Sie problemlos zurück zum Parkplatz bringt.

14 Der Varden bei Moland

Tour für jedes Wetter

Der Varden ist ein einfacher Gipfel an der Südküste der Insel Vestvågøya. Der Anstieg ist relativ einfach und gut zu finden. Somit können Sie den Berg auch bei etwas schlechterem Wetter angehen. Natürlich handelt es sich bei schönem Wetter um eine herrliche Bergwanderung, die viel Freude macht. Auch für Kinder ist die Tour gut geeignet.

- ⇆ Start/Ziel: Parkbucht bei Moland, GPS N 68°14.607' E 014°07.464'
- ↻ 4,8 km
- ⧗ 3 Std. 30 Min.
- ↑↓ 551 m/551 m
- ⇧ 12-563 m
- ✎ markiert mit Steinmännern und vereinzelten gelben Punkten

Die Tour lässt sich auch gut bei unsicherem Wetter unternehmen

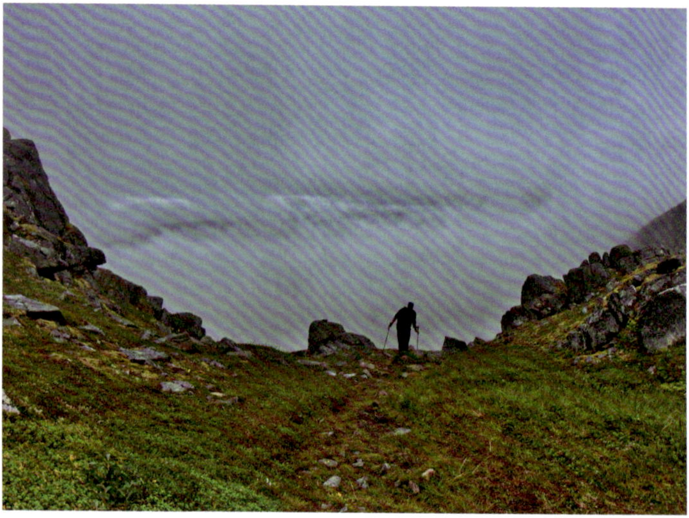

Leichter Weg, nur im steilen Waldabschnitt ist etwas Vorsicht geboten. Der Weg ist gut ausgetreten und auch bei schlechtem Wetter zu finden.

keine Einkehrmöglichkeiten auf der Tour, stattdessen Café Gamle Skola in Lyngedal, ca. 10 km entfernt, ☞ siehe Tour 12

keine Rastplätze, aber schöne Sitzmöglichkeiten am Gipfel (km 2,4) und an den Seen (km 1,6 und 3,2)

In dem See am Wegesrand (km 1,2) können Sie im Sommer an heißen Tagen baden.

Die Tour ist für Kinder geeignet. Das Turnen über die Blöcke macht Spaß.

Die Tour ist für Hunde gut geeignet. Aufgrund der Schafe muss man die Hunde aber anleinen.

Sie fahren auf der Straße in Richtung Valberg bis kurz vor Moland. Hier sehen Sie links eine kleine Parkbucht. Gegenüber beginnt ein gut sichtbarer Steig.

Der Ausgangspunkt ist mit dem Bus nicht erreichbar.

Sie überqueren vorsichtig die Straße und kraxeln die kleine Böschung hinunter. Der gut sichtbare Steig führt durch das Moorgelände bis an die bewaldeten Hänge. Nun steigen Sie durch das Wäldchen steil und ziemlich schweißtreibend bergauf. Der Steig ist etwas steinig, die eine oder andere Stufe ist auch ziemlich steil. Wenn es hier feucht ist, wird der Steig gerne auch etwas rutschig. Mit etwas Aufmerksamkeit überwinden Sie diese Stellen und kommen hinauf in flacheres Gelände. Hier verzweigt der Weg ❶ und Sie gehen nach rechts. Bald schon wendet sich der Weg wieder nach links.

Orchidee am Wegesrand

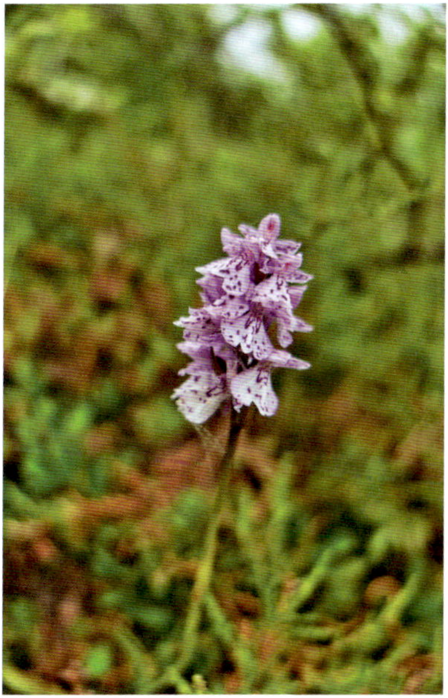

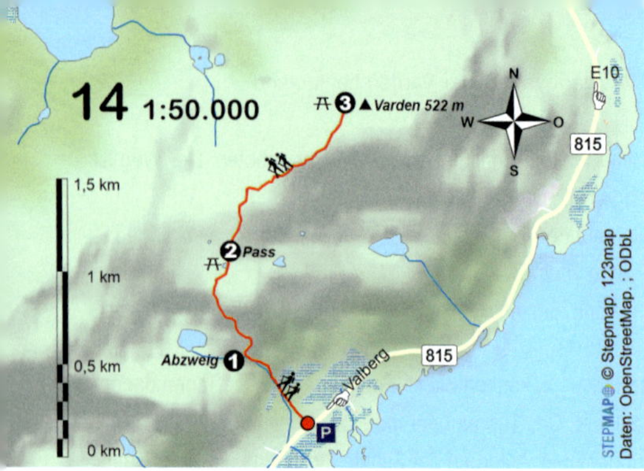

Sie wandern nun durch ein vegetationsreiches und wirklich hübsches Tal bergauf. Immer wieder tauchen große Felsblöcke auf, die ein schönes Fotomotiv ergeben.

Sobald das Gelände flacher wird, gehen Sie an einem kleinen See vorbei in einen **Pass ❷**. Auf den letzten Metern müssen Sie dabei über grobe Blöcke turnen. Selbst wenn diese feucht sind, ist das aber kein Problem.

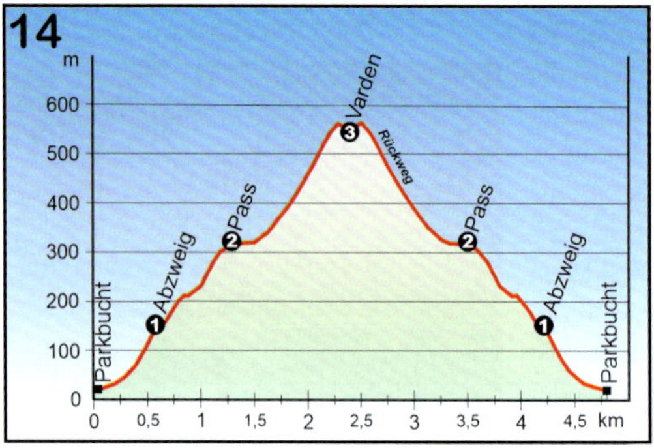

Die Blöcke bringen Sie an den Rücken des Varden. Steil kraxeln Sie jetzt auf dem Steig in die Höhe. Erst zum Schluss erreichen Sie das weite Plateau des **Varden ❸** mit seinem Steinmann. Von hier oben genießen Sie einen herrlichen Blick auf die Südküste mit dem Meer sowie die Nachbarinseln Gimsøya und Austvågøya.

Nach der Gipfelpause wandern Sie auf dem Aufstiegsweg zurück zum Auto.

⑮ Der sanfte Kamm des Finnkjerka

Tour für die ganze Familie

Der Gipfelkamm des Finnkjerka steht hoch über dem Torvdalenpass. Der Anstieg ist kurzweilig und bietet eine wirklich schöne Aussicht auf die Insel Vestvågøya. Es ist unglaublich, wie weit der Blick von hier oben reicht. Auch bei wechselhaftem Wetter ist die Tour eine gute Alternative.

- Start/Ziel: Parkplatz am Torvdalenpass, GPS N 68°15.797' E 013°49.636'
- 6,6 km
- 3 Std.
- 316 m/316 m
- 65-381 m
- guter Steig, ohne Orientierungsprobleme, teilweise ausgeschildert
- gute und einfache Wege ohne Schwierigkeiten
- keine Einkehrmöglichkeiten auf der Tour, stattdessen Einkehr im Lofotr Vikingmuseum in Borg (5 km vom Parkplatz)
- keine Rastplätze, aber schöne Sitzmöglichkeiten an den Gipfeln (km 2,8 und 3,4) und auf einem Aussichtspunkt (km 1,3 und 5,4) beim Anstieg bzw. Abstieg
- Die Tour ist für Kinder gut geeignet. Der Anstieg ist sehr kurzweilig und im Gipfelbereich kann man auch gut spielen.
- Die Tour ist für Hunde gut geeignet. Sollten Schafe auf der Weide sein, müssen Sie ihren Hund anleinen.
- Parkplatz am Torvdalenpass
- Der Ausgangspunkt selbst ist mit dem Bus nicht direkt erreichbar. Der Bus Linie 18-741 hält aber etwas südlich in Borgfjord und verkehrt mehrmals täglich. Sie können dann auf einem Steig aufsteigen und so nach ca. 1 km den Aufstiegsweg erreichen.

Sie parken auf dem Parkplatz am Torvdalenpass. Am oberen Ende des Parkplatzes führt ein breiter Weg zur Böschung oberhalb der E10. Ein schmaler Steig bringt Sie steil hinunter zur Straße, die Sie vorsichtig überqueren.

Auf der anderen Seite steigen Sie gleich wieder steil und schweißtreibend hinauf. Nun erwartet Sie ein schmaler Steig, dem Sie durch etwas

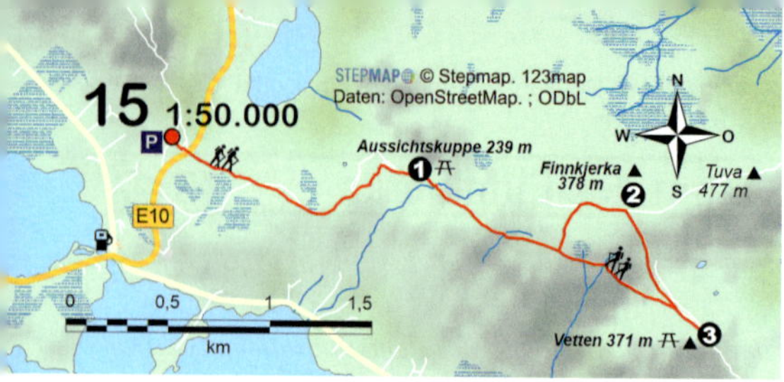

feuchtes Gelände folgen. Von rechts mündet ein zweiter Steig ein und Ihr Weg zieht hinüber an den begrünten Rücken des Berges. Nun wird es kurzzeitig etwas steiler und Sie kommen ordentlich ins Schwitzen.

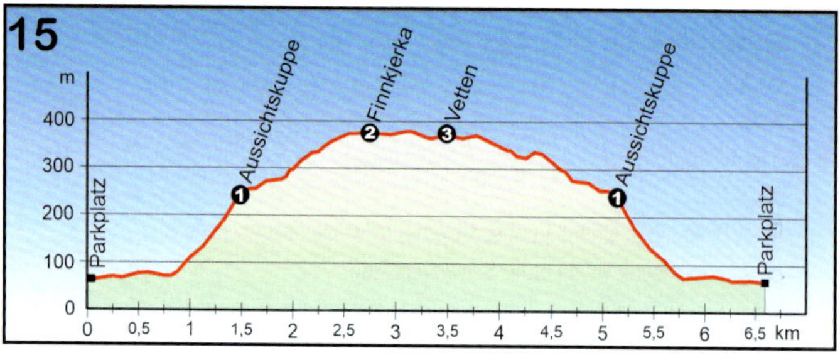

Sie erreichen eine erste **Aussichtskuppe ❶**, die mit einem Schild versehen ist. Von hier genießen Sie schon einmal eine herrliche Aussicht auf das Meer und die beiden Seen Innerpollen und Ytterpollen. Auf dem guten Steig wandern Sie aussichtsreich am Hang entlang aufwärts. Sie überqueren ein kleines Bächlein und kommen an eine Wegverzweigung. Hier gehen Sie nach links und folgen dem Steig, der mit ein paar Steinmännchen geschmückt ist, bis zur breiten Kuppe der **Finnkjerka ❷**.

An einem großen Stein finden Sie einen Wegweiser. Sie können noch ein Stück weitergehen, um vom Rand der Kuppe eine bessere Aussicht auf das Meer zu bekommen. Vom Gipfel nehmen Sie den Steig hinunter in die Senke vor dem **Vetten ❸**. Aus dieser Senke wandern Sie hinauf zum Gipfelsteinmann. Kurz vorher mündete noch von rechts der direkte Aufstiegsweg ein. Die Aussicht von hier oben auf die Seen- und Meerlandschaft der Insel Vestvågøya ist grandios. Sie sollten sich richtig Zeit nehmen und sich bei diesem herrlichen Panorama erholen.

Für den Abstieg gehen Sie nicht über die Finnkjerka, sondern wählen den bereits erwähnten direkten Weg, der Sie hinunter in eine Senke bringt.

Aus dieser steigen Sie kurz hinauf zur Wegteilung. Auf dem bekannten Steig wandern Sie gemütlich zurück zum Parkplatz am Torvdalenpass. Dabei bewundern Sie immer wieder die grandiose Aussicht.

⌘ Wikingermuseum in Borg

Unweit der Tour liegt das Wikingermuseum in Borg. Es ist eine tolle Alternative für einen Schlechtwettertag. 1981 entdeckte man Glasscherben und Keramikstücke. Wenig später grub man Überreste eines eiszeitlichen Langhauses aus dem 6. Jahrhundert aus. Die freigelegte Halle ist mit 83 m Länge und 7,5-9 m Breite die größte ihrer Art aus der Wikingerzeit.

Zudem kann man im Sommer im ☕ Café und in der Nebensaison im Shop bei Kaffee und Kuchen einkehren.

⌘ ☕ Lofotr Vikingmuseum, Prestegårdsveien 4, Bøstad, ☏ +47/76 15 40 00, 💻 www.lofotr.no, ✉ booking@lofotr.no, 🚪 Feb-April u. Mitte Sep-Okt Mo-Sa 12:00-16:00, Mai u. Mitte Aug-Mitte Sep Mo-So 10:00-17:00, Juni-Mitte Aug. Mo-So 10:00-19:00, Nov-Jan Mi u. Sa 12:00-16:00

Tolle Landschaft

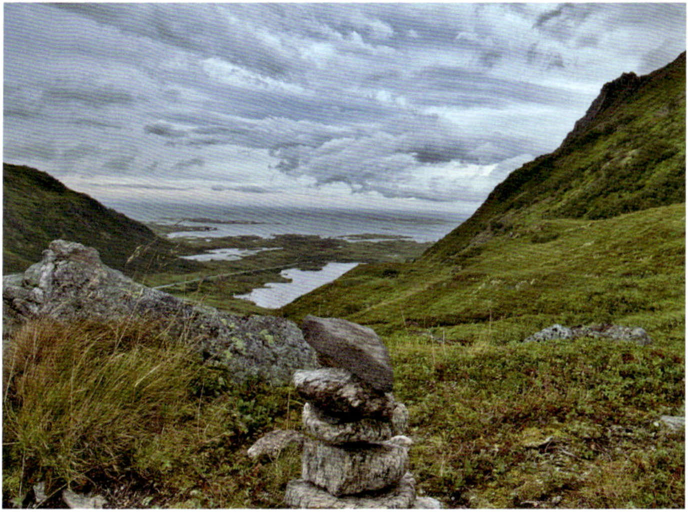

16 Von Slydalen zum Blåtinden

Tour für Liebhaber einsamer Landschaften

Der Blåtinden liegt im Herzen der Insel Vestvågøya. Durch die Zufahrt nach Slydalen ist die Wanderung relativ kurz. Durch die Verlängerung zum Brattflogan wird aus der Wanderung eine schöne Rundtour. Von beiden Gipfeln dieser Wanderung genießen Sie eine wunderschöne Aussicht auf die umliegenden Berge.

- Start/Ziel: Parkmöglichkeit in Slydalen, GPS N 68°13.082' E 013°47.976'
- 9,4 km
- 4 Std. 30 Min.
- 616 m/616 m
- 149-526 m
- gut markierte Wanderwege (rote Punkte, teilweise Steinmännchen)
- Der Weg zum Blåtinden ist mittelschwer, die letzten 200 Höhenmeter sind sehr steil. Die Runde über den Brattflogan verläuft über einfaches Gelände ohne Schwierigkeiten.
- keine Einkehrmöglichkeiten auf der Tour, stattdessen Einkehr im Wikingermuseum, ca. 1 km entfernt, ☞ siehe Tour 15
- keine Rastplätze, aber schöne Sitzmöglichkeiten an den Gipfeln (km 2,7 und 6,4), eine unbewirtschaftete Hütte (km 1,2 und 4,2) unterwegs
- Die Tour ist für Kinder gut geeignet. Der Anstieg zum Blåtinden macht mit seinen kleinen Felsen Spaß.
- Die Tour ist für Hunde gut geeignet. Sie sind auf den Weiden aber anzuleinen.
- 1 km vor dem Wikingermuseum fahren Sie nach rechts in die Schotterstraße nach Slydalen. Die Straße kostet NOK 30 Maut (Metallkästchen am Schild). Sie parken auf einem Schotterparkplatz vor einem Gatter.
- Der Ausgangspunkt ist mit dem Bus nicht erreichbar.

Vom Parkplatz gehen Sie durch das Schafgatter und folgen dem geradeaus führenden Pfad. An einer kleinen Hütte zweigt nach links ein Weg ab, auf dem Sie später absteigen. Sie wandern hier geradeaus. Auch an einer weiteren Abzweigung gehen Sie geradeaus. Der mit Stegen gut ausgelegte

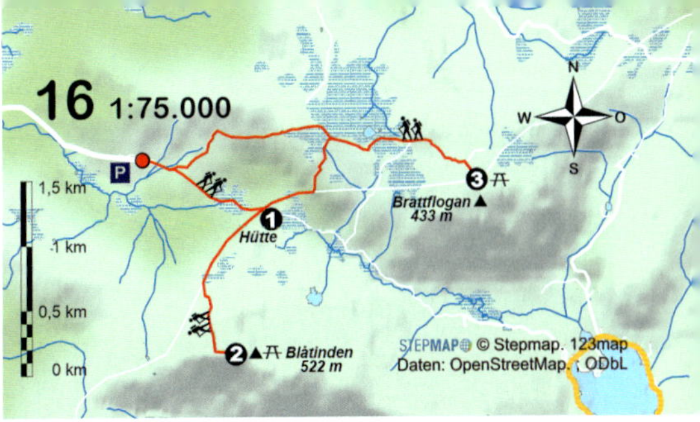

Weg bringt Sie hinauf in die Einsattelung mit Wegweiser. Ein paar Meter oberhalb des Wegweisers steht eine im Jahr 2017 neu erbaute **Hütte ❶**.

Sie folgen dem Wegweiser „Blåtinden“ nach rechts. Der Steig zieht an der Hütte vorbei und verläuft dann ziemlich flach über ein sumpfiges Plateau in Richtung Blåtinden. Sie steuern dabei den vom Gipfel herunterziehenden Rücken an.

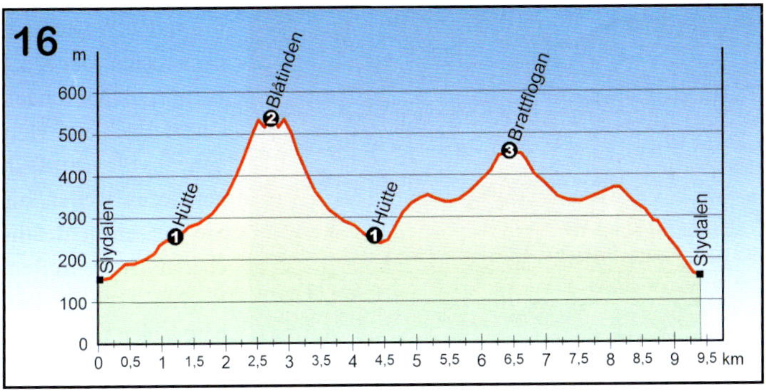

Steil und teilweise rutschig wandern Sie auf dem Steiglein bergauf. Sie passieren einen felsigen Vorgipfel und steigen hinauf in die Einsattelung vor dem Gipfel. Nun geht es nach links über Blockwerk zum höchsten Punkt des **Blåtinden ❷**, auf dem sich sogar ein Gipfelbuch befindet. Sie bewundern eine wunderschöne Aussicht bis zum Küstenabschnitt von Eggum. Aber auch die Sicht nach Südwesten zum Rolvsfjorden ist wirklich beeindruckend. Entsprechend genießen Sie Ihre Gipfelrast ausgiebig.

Für den Abstieg gehen Sie zurück bis zur **Hütte ❶**. Nun könnten Sie direkt zurück zum Parkplatz absteigen oder, wie hier vorgeschlagen, die Tour noch ein wenig ausweiten. Hierfür biegen Sie nicht nach links ab, sondern gehen geradeaus weiter. Ein Wegweiser zeigt Ihnen den Weg.

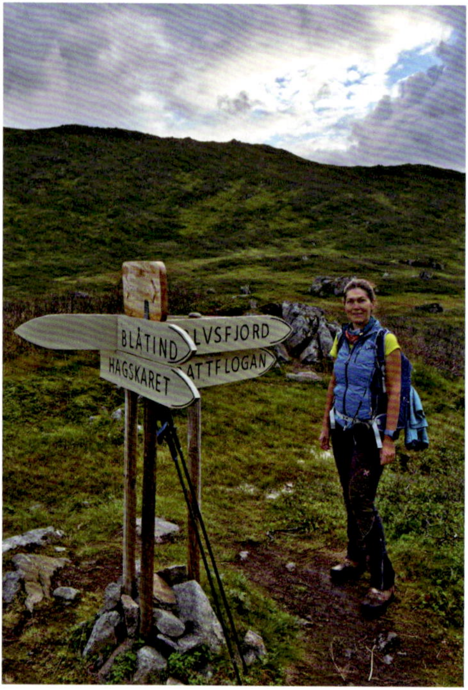

Wegweiser am Weg zum Blatinden

Ein kurzes Stück wandern Sie in Richtung Rolvsfjorden. An einem zweiten Wegweiser zweigen Sie aber nach links ab in Richtung Brattflogan. Der Weg führt sanft ansteigend bergauf. An einer ersten Wegteilung wenden Sie sich links, an der folgenden Wegteilung nach rechts. Der Steig verliert sich nach einem Bächlein. Hier gehen Sie einfach geradeaus weiter, bis Sie auf einen deutlicheren Steig treffen. Rechts sehen Sie bereits den Gipfel. Sie biegen nach rechts, passieren zwei schöne Seen und wandern über eine Mulde hinauf in die Einsattelung links vom Gipfel. Wenige Meter nach rechts erreichen Sie den höchsten Punkt des **Brattflogan ❸**. Das Panorama von hier oben ist sehr weitreichend.

Auf dem Anstiegsweg wandern Sie zurück am See vorbei bis zu der Stelle, wo Sie auf dem Hinweg auf den deutlichen Steig zum Gipfel abgebogen sind. Hier gehen Sie nun geradeaus auf dem Steig weiter. Dieser führt links an einer Kuppe vorbei und zieht dann ziemlich direkt hinunter zum Anstiegsweg bei dem kleinen Hüttchen. Von hier sind Sie in wenigen Minuten zurück am Auto.

17 Zum Nonstinden bei Unstad

Tour für Freunde grandioser Tiefblicke

Der Strand von Unstad ist ein beliebtes Surferrevier. Hier ist der Beginn der Wanderung zum Nonstinden. Der Gipfel erhebt sich hinter über dem Strand und bietet einen tollen, aber auch steilen Grataufstieg. Wer etwas mehr Abenteuer möchte, der überschreitet den Gipfel. Nach einem steilen Abstieg erwartet Sie auf dieser Variante dann ein gemütliches „Hineinwandern" in den Ort.

⇆ Start/Ziel: Parkmöglichkeit am Strand von Unstad, GPS N 68°15.948' E 013°34.254'

5 km

3 Std.

454 m/454 m

5-459 m

keine Markierungen

Schmaler, gut zu erkennender Steig auf den Gipfel, keine ausgesetzten Stellen. Die Abstiegsvariante ist zeitweise weglos. Hier ist Trittsicherheit erforderlich. Am Ende folgt eine breite Straße.

keine Einkehrmöglichkeiten auf der Tour, stattdessen Einkehr im gemütlichen Bauernhofcafé Lofoten Gårdsysteri an der Zufahrt nach Unstad (4 km entfernt)

keine Rastplätze, aber schöne Sitzmöglichkeiten auf dem Gipfel (km 2,5) und am See (km 0,9 und 4,1)

Die gesamte Tour ist für Kinder nicht geeignet, da der Anstieg sehr steil ist. Der Weg zum See kann dagegen empfohlen werden.

Die Tour empfehlen wir nicht für Hunde. Der Blockgrat ist doch etwas mühsam. Zudem ist das Gelände teilweise sehr steil. Bis zum See kann man aber gut mit Hunden wandern.

P Sie parken am Strand von Unstad (Parkgebühr NOK 20).

Mehrmals täglich fährt die Linie 18-764 von Borg nach Unstad. Von der Bushaltestelle sind es 500 m bis zum Parkplatz.

Sie wandern auf der Schotterstraße in westlicher Richtung am wirklich herrlichen Strand entlang. Vielleicht beobachten Sie dabei auch ein paar

Surfer, die sich furchtlos in die kalten Wellen des Nordmeers werfen. Sie durchqueren ein Schafgatter (bitte schließen) und folgen dem Weg noch ein Stück geradeaus, bis nach links Steigspuren abzweigen. Auf diesen Steigspuren gehen Sie auf den Aufschwung zu und müssen dabei auch einen Bach queren. Schließlich steigen Sie den Aufschwung hinauf und kommen an einen idyllisch gelegenen **See ➊**. Hier könnten Sie auch ganz gemütlich rasten und ein Sonnenbad genießen.

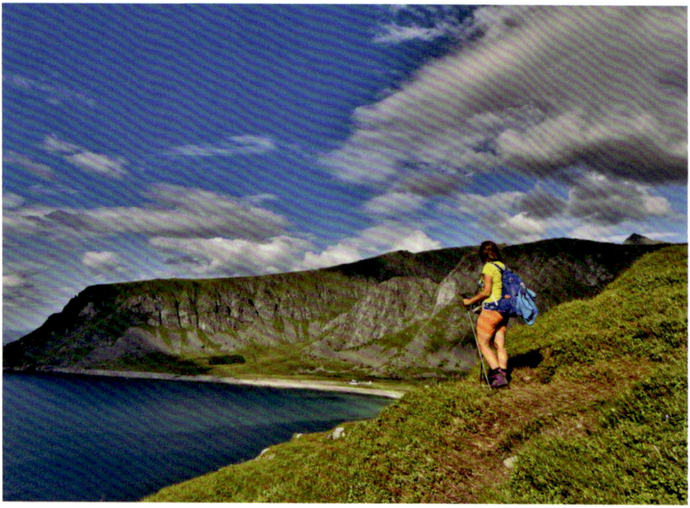

Blick hinunter nach Unstad

Um weiter zum Gipfel zu wandern, biegen Sie kurz vor dem See nach links ab und laufen zum Grat hinüber. Bald schon steigen Sie steil und anstrengend hinauf am Grat des Nonstinden. Der gute Steig zieht aussichtsreich bergauf, Sie gewinnen dabei schnell an Höhe. Sie bleiben immer wieder stehen und gönnen sich einen Blick hinunter zum Strand von Unstad. Zwischendurch stellen sich Blöcke in den Weg. Sie turnen über diese hinweg und erreichen einen ersten **Vorgipfel ➋**. Der Tiefblick zum Strand von Unstad ist jetzt wirklich grandios. Sie folgen nun dem Grat über unschwieriges Gelände bis unterhalb des Hauptgipfels. Steil kraxeln Sie am Steig

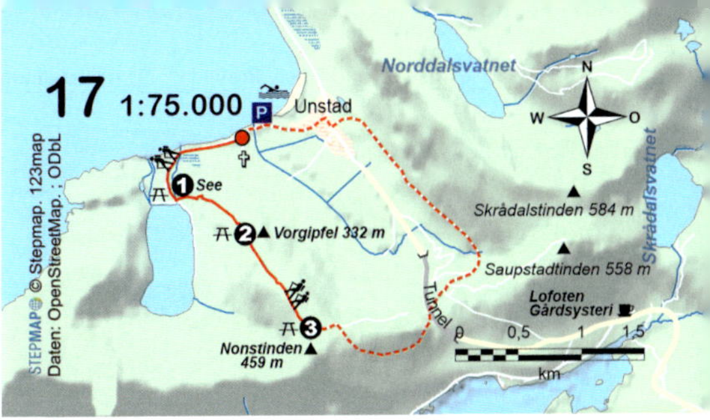

hinauf zum höchsten Punkt auf dem **Nonstinden** ❸. Von hier oben ist die Aussicht auf den Strand noch eindrucksvoller als vom Vorgipfel. Aber auch der südlich gelegene, mächtige Himmeltindan mit seiner Radarstation zieht die Blicke auf sich.

Haben Sie sich gut am Gipfel erholt, beginnen Sie den Abstieg vom Nonstinden. Dazu nehmen Sie als einfachste Variante wieder den Anstiegsweg. Zuerst steigen Sie hinab zum Vorgipfel und gehen zurück zum Blockgrat. Über den Grat kraxeln Sie vorsichtig und mit schraurig-schönem Tiefblick zum Strand von Unstad wieder hinunter bis zum See. Von dort leiten Sie die Steigspuren den Aufschwung hinunter, über den Bach und schon stehen Sie wieder am Schotterweg. Zuletzt spazieren Sie am Ufer entlang zurück nach Unstad und dem Ausgangspunkt.

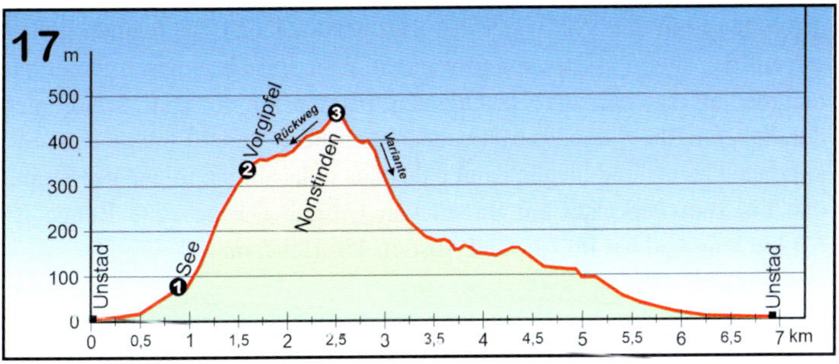

Abstiegsvariante

Haben Sie mehr Zeit, Kondition und auch bergsteigerisches Geschick, dann sollten Sie unbedingt den Gipfel des Nonstinden überschreiten. Diese herrliche Rundtour bringt Sie am Ende wieder nach Unstad zurück. Sie besteigen den Nonstinden wie oben beschrieben.

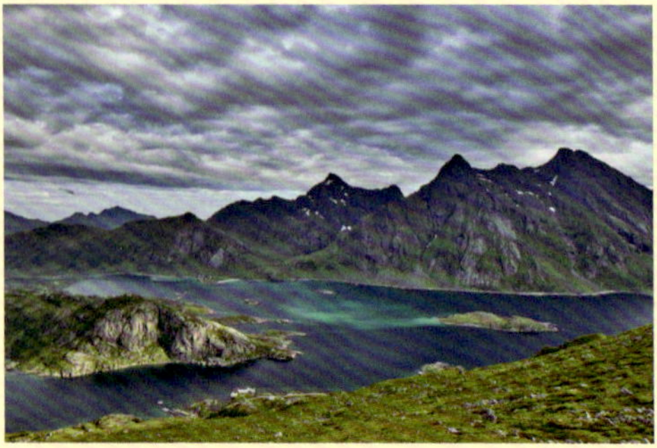

Schöner Ausblick vom Gipfel

Nach der Gipfelrast kehren Sie nun nicht um, sondern spazieren am Grat weiter bis in eine Senke. Hier wenden Sie sich nach scharf rechts. Die deutlichen Steigspuren ziehen dann nach rechts weg, weshalb Sie ihnen nicht folgen. Sie müssen stattdessen geradeaus hinunter zu einem Steig, der auf einer Rampe verläuft. Es gibt keinen Weg hinunter über den Hang. Das Gelände ist aber gut gangbar, sodass Sie ohne Probleme hinuntergelangen. Unser Track soll dabei nur eine Orientierung sein. Unten verlaufen zwei Steige. Sie nehmen den rechten Steig. Dieser führt noch kurz abwärts und bringt Sie dann in gleicher Höhe am Hang entlang, bis Sie die alte Passstraße nach Unstad erreichen. Der Weg verläuft dabei oberhalb des Tunnels, durch den Sie bei der Anfahrt mit dem Auto oder dem Bus gefahren sind. Schließlich stehen Sie auf der alten Passstraße und wandern nach links auf dieser gemütlich hinunter bis nach Unstad. In Ortsnähe müssen Sie ein paar Schafgatter durchqueren, die Sie jedes Mal wieder schließen. An der Straße gehen Sie kurz nach rechts und biegen dann bald nach links ab. Sie folgen der Straße nun bis zum Parkplatz am Strand von Unstad. Die gesamte Runde ist 6,9 km lang und hat im An- und Abstieg 456 Höhenmeter.

Einkehrtipp im Bauernhofcafé

Auf der Zufahrt nach Unstad kommen Sie an einem Bauernhofcafé vorbei. Hier können Sie zwischen selbst gebackenem Kuchen und leckeren Gerichten und Käse vom Hof wählen. Das gemütliche Café bietet genügend Sitzmöglichkeiten im Innen- und Außenbereich.

♦ Lofoten Gårdsysteri, Saupstadveien 235, 8360 Bøstad, ☏ +47/95 08 29 58, www.lofoten-gardsysteri.no, Di-Sa 11:00-16:30

18 Auf den Guratinden und Bulitinden

Tour für Gipfelsammler

Guratinden und Bulitinden sind ein Gipfelpaar im Einzugsbereich von Leknes. Nach einem gemütlichen Auftakt durch ein verwunschenes Wäldchen wandern Sie über freies Gelände in Richtung der beiden Gipfel. Der Gratgang zum Guratinden ist dann wunderschön. Beeindruckend ist der Tiefblick zum kleinen Örtchen Sennesvik.

- Start/Ziel: gegenüber dem Bushäuschen von Nedreås, GPS N 68°07.409' E 013°38.703'
- 9,1 km
- 3 Std.
- 623 m/623 m
- 11-543 m
- zu Beginn teilweise rote Markierungen an den Bäumen, später keine Markierungen, aber gut zu finden
- Gute Steige, ohne besondere Probleme. Nur der Aufstieg zum Bulitinden ist etwas steiler.
- keine Einkehrmöglichkeiten auf der Tour, stattdessen Einkehr im Huset kafé in Leknes, ca. 4,5 km entfernt
- keine Rastplätze, aber schöne Sitzmöglichkeiten auf den beiden Gipfeln (km 4,2 und 5,2)
- Die Tour ist für Kinder gut geeignet, wobei besonders die Bäche zum Spielen einladen. Dann muss man nicht einmal unbedingt auf die Gipfel steigen.
- Die Tour ist für Hunde geeignet. Im Bereich der Schafherden sind sie anzuleinen.
- P Sie verlassen Leknes in südlicher Richtung und parken gegenüber dem Bushäuschen von Nedreås.
- Mehrmals täglich verkehrt die Linie 18-767 von Leknes zum Ausgangspunkt.

Wenige Meter neben dem Bushäuschen beginnt der Steig, der durch relativ offenes Gelände an einem weißen Bauernhaus vorbeiführt. Beim Beginn eines Birkenwäldchens durchqueren Sie ein Gatter. Nach dem Gatter wandern Sie ziemlich eben durch das schöne Wäldchen. Auf der rechten

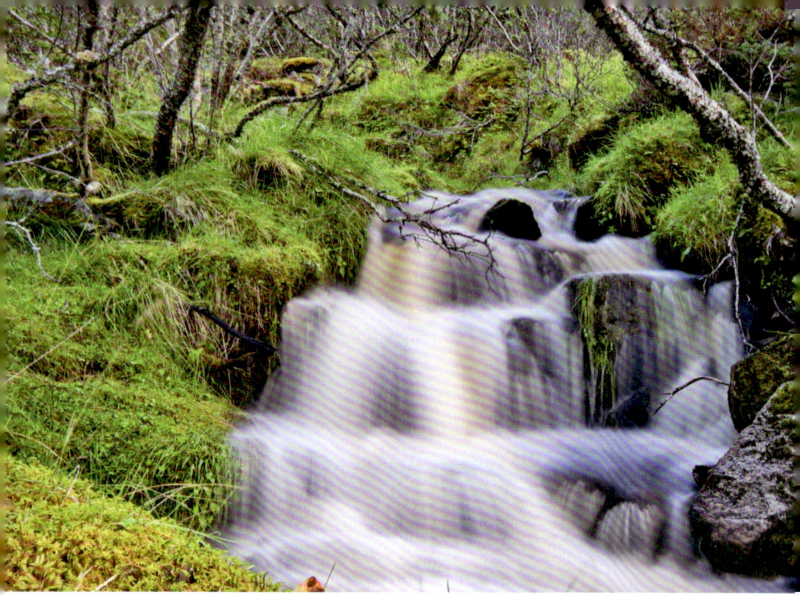

Idyllisch – Bach am Weg

Seite gesellen sich bald ein paar Tannen dazu. Der Weg biegt leicht nach rechts ab und führt zu einer kleinen Wiese im Wäldchen, bei der Sie auf einen verwunschenen Bach treffen. Nun spazieren Sie in malerischer Idylle entlang des Baches weiter aufwärts.

Bei einer Wegteilung gehen Sie geradeaus weiter. Das Gelände wird bald offener. Die Birken sind nun verschiedenen Sträuchern gewichen. Sie können von der **Hochfläche ❶** schön hinauf zum Bulitinden blicken. Der breite Weg biegt bald nach rechts ab und führt hinunter zu einem Bächlein, das Sie überqueren. In einem Bogen steigen Sie nun hinauf zwischen die beiden Gipfel.

Hier beginnt der etwas längere Gipfelgrat, der Sie ohne besondere Probleme aussichtsreich zum Gipfel des **Guratinden ❷** bringt. Dabei lassen Sie den Bulitinden links liegen und folgen dem rechten Steig am Grat entlang. Von hier oben genießen Sie einen großartigen Ausblick auf die südliche Küste von Vestvågøya.

Nach der Gipfelpause am großen Steinmann wandern Sie am Grat zurück zum Sattel zwischen Guratinden und Bulitinden. Jetzt gehen Sie

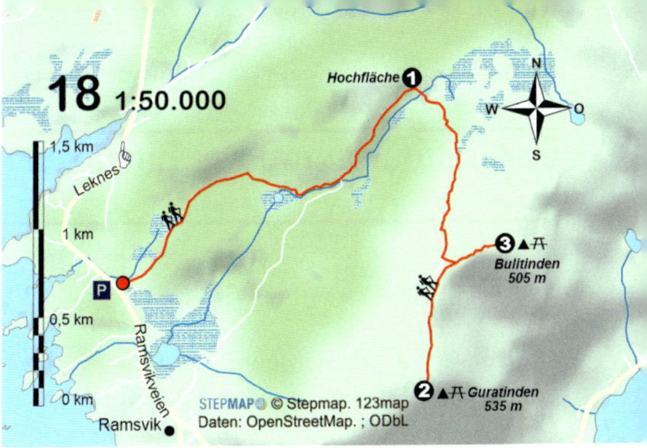

noch nach rechts hinauf zum zweiten Gipfel. Der Aufstieg zum **Bulitinden** ❸ ist ziemlich steil und direkt, aber ebenfalls ohne besondere Schwierigkeiten. Besonders beeindruckend ist der Blick nach Norden über Leknes hinweg in Richtung Nordküste.

Nach der Gipfelpause steigen Sie am Anstiegsweg zurück in den Sattel. Jetzt kommt der bei Nässe ziemlich unangenehme Abstieg hinunter zur Hochfläche zurück, denn dann kann es am Steig recht rutschig zugehen. Von der Hochfläche spazieren Sie zum Bach und Wäldchen und von dort geht es gemütlich zurück zum Parkplatz an dem Bushäuschen an der Straße.

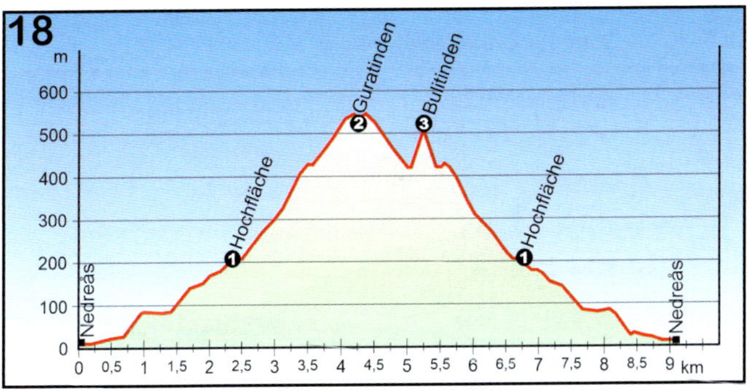

Einkehrtipp im Huset kafé in Leknes

In Leknes können Sie in einem kleinen und hübschen Kaffeehaus einkehren, das eine leckere Auswahl an süßen Stückchen bietet.

♦ Huset kafé, Idrettsgata 1, 8370 Leknes, ☏ +47/95 98 34 24, Mo-Fr 8:00-18:00, Sa 10:00-16:00, So 11:00-17:00

⑲ Grattour vom Pass Einangen nach Mortsund

Tour für Freunde von Grattänzen

Klein aber fein – der Gratweg vom Pass Einangen nach Mortsund ist nur knapp über 4 km lang, aber Sie bewegen sich fast die ganze Tour auf einer herrlich aussichtsreichen und recht schmalen Gratschneide, die überraschend leicht zu begehen ist. Trittsicherheit und Schwindelfreiheit braucht es aber trotzdem.

→ Start: am Pass von Einangen, GPS N 68°06.709' E 013°40.327';
Ziel: Mortsund, GPS N 68°05.060' E 013°38.258'

⊃ 4,3 km

⧖ 3 Std.

↑↓ 388 m/485 m

⇧ 14-455 m

Abendlicher Start zur Gratüberschreitung

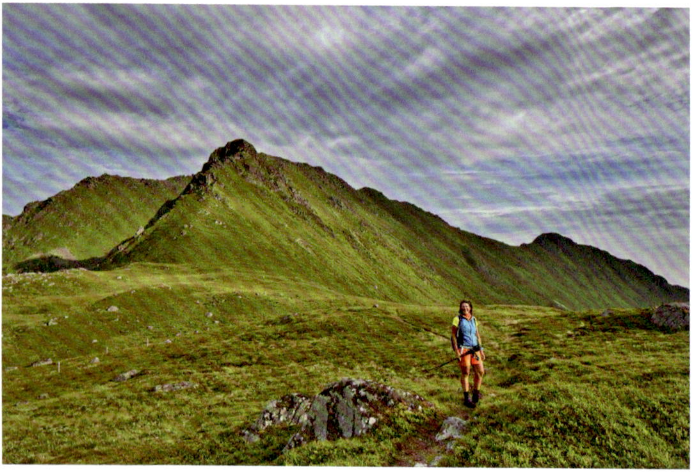

✎ gut sichtbarer Steig, ohne besondere Orientierungsschwierigkeiten, keine Markierungen

anspruchsvolle Wanderung, schwierigste Stellen Blockkletterei im Aufstieg zum Ramntinden und schmale Gratabschnitte nach dem letzten Nebengipfel

✗ keine Einkehrmöglichkeiten auf der Tour, stattdessen Einkehr im Huset kafé in Leknes, ca. 9 km entfernt, ☞ siehe Tour 18

keine Rastplätze, aber schöne Sitzmöglichkeiten auf den Gipfeln (km 1,7 und 3,1)

Die gesamte Tour ist für Kinder nicht geeignet. Lediglich der Aufstieg vom Ziel in Mortsund zum Middagstinden ist mit bergerfahrenen Kindern möglich. In der steileren Rinne ist aber auch hier Vorsicht geboten.

Die gesamte Tour ist für Hunde nicht geeignet. Von Mortsund zum Middagstinden kann man mit Hunden wandern.

P Parkplatz am Pass Einangen an der Straße von Leknes nach Sennesvik.

Der Ausgangspunkt ist mit dem Bus nicht erreichbar. Es verkehrt zwar ein Bus von Mortsund nach Sennesvik, aber sehr unregelmäßig. Zudem ist man dann immer noch nicht am Pass.

☺ Rückkehr idealerweise per Anhalter, da die Busse nicht oft verkehren. Wir haben bereits am Middagstinden andere Wanderer angesprochen, ob sie uns mit zurücknehmen würden. Es ist in der Regel kein Problem, eine Mitfahrgelegenheit zu finden.

Vom Pass Einangen überqueren Sie die Straße und folgen dem deutlichen Steig den Grashang hinauf. Dann halten Sie sich kurz rechts und wandern dann nach links aufwärts. Sie queren unter einem Hügel hindurch zum Gratansatz des Ramntinden.

Steil zieht der Steig an der Gratkante in die Höhe. Sie erreichen große Felsblöcke, über die Sie hinaufklettern. Dabei lassen Sie sich immer von den deutlichsten Spuren leiten. Kurz unterhalb des Gipfels führt eine Spur nach rechts, Sie können aber auch am Grat bleiben. An ein paar Stellen müssen Sie ordentlich zupacken, die etwas ausgesetzte Kraxelei macht aber auch Spaß. Oben auf dem Gipfel des **Ramntinden ❶** genießen Sie einen wunderbaren Rundumblick nach Leknes und, wenn Sie Glück haben, zu einem Schiff der Hurtigruten.

Vorsichtig steigen Sie über den schmalen Grat in die Senke hinter dem Gipfel. Zwei Grataufschwünge umgehen Sie auf schmalen Steigspuren auf der rechten Seite. Dann beginnt der Gipfelaufstieg auf den **Breitinden ❷**.

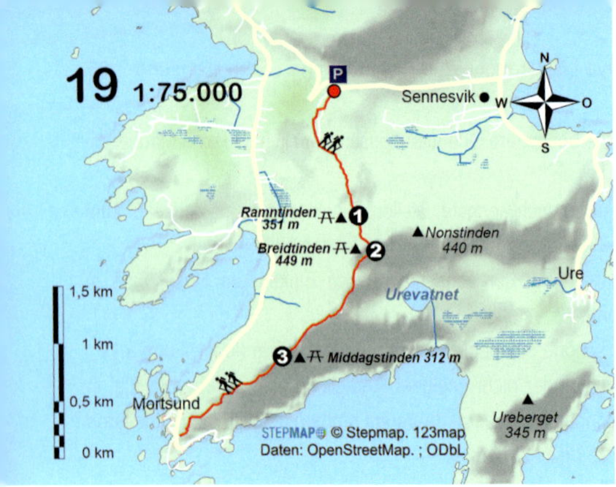

Dieser ist zwar steil, aber nicht besonders schwierig. Beeindruckend ist von hier oben die Aussicht auf das Meer und die umliegenden Berge. Hier sollten Sie erst einmal durchschnaufen und das herrliche Panorama bewundern, bevor Sie sich an den Weiterweg machen.

Über einen gut begehbaren Rücken steigen Sie bergab in einen Sattel. Dann geht es gleich wieder hinauf auf den nächsten Gipfelkopf. Diesen überschreiten Sie und steigen weiter zum nächsten Aufschwung.

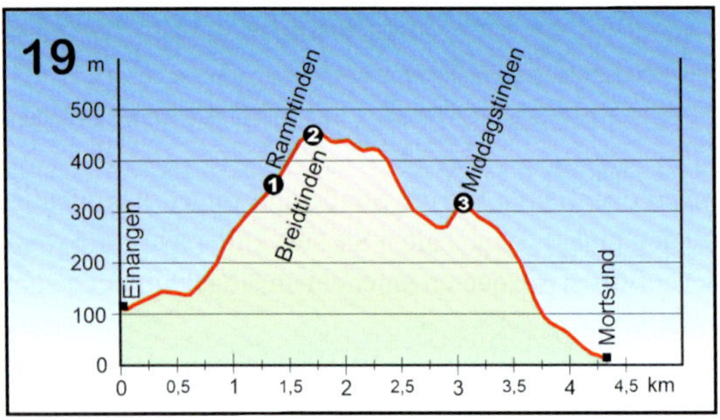

↳ Auch auf diesen mit einem Steinmann geschmückten Nebengipfel können Sie noch hinaufgehen. Hier ist es aber empfehlenswert, wieder in die Scharte vor dem Gipfel abzusteigen.

Der Steig umgeht den Gipfel auf der rechten Seite. Sie erreichen wieder den Grat, gehen aber bald danach nach rechts in die Flanke. Hier verlieren Sie an Höhe und steigen hinab in die Scharte vor dem **Middagstinden**. Über den Grat kraxeln Sie hinauf zum überraschend geräumigen Gipfel ❸.

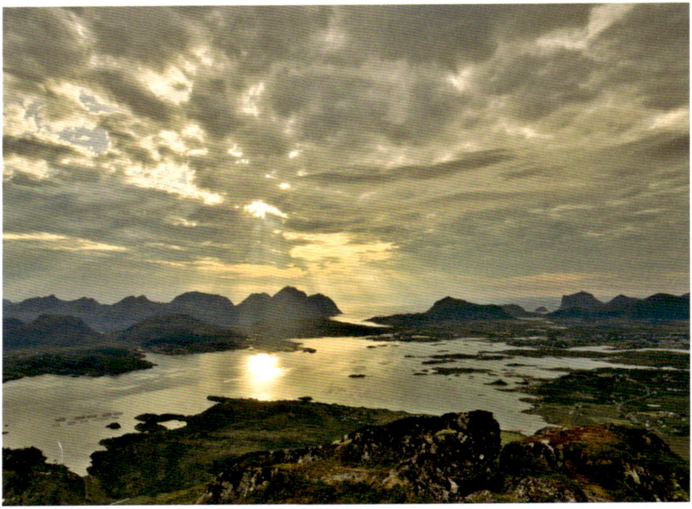

Wunderbare Stimmung am Abend

Nun haben Sie die ernsteren Schwierigkeiten der Überschreitung geschafft. Nach der Gipfelpause wandern Sie auf dem breiten Rücken bergab, bis der Steig durch eine steile Rinne neben einer Felswand hinabführt. Sie erreichen kurz wieder flacheres Gelände, dann wird es noch einmal steil, bevor Sie ohne besondere Probleme nach Mortsund mit der großen Rorbueranlage (alte Fischerhüttchen) absteigen. Idealerweise suchen Sie sich hier nun jemanden, der Sie schnell mit dem Auto zurück zum Pass Einangen bringt.

20 Zum Breitinden über Ballstad

Tour für Freunde von idyllischer Seenlandschaft

Der Breitinden (auf manchen Karten auch „Breidtinden“) ist der etwas unscheinbare Nachbar des mächtigen Skottinden. Er ist allerdings auch deutlich einfacher und bietet aber einen grandiosen Blick hinüber zum steilen Gipfel und hinunter zum großen Nappstraumen. Der Weg über die Seenlandschaft bei Ballstad ist märchenhaft schön, wenn auch etwas lang. Wer auf den Gipfel verzichtet, kann auch einfach nur die Seenrunde unternehmen.

↻ Start/Ziel: in Ballstad am Abzweig der Straße Reineveien, GPS N 68°04.389' E 013°31.702'

➲ 9,5 km

⌛ 4 Std. 30 Min.

↑↓ 475 m/475 m

⇧ 8-436 m

Wunderschöne Landschaft, im Hintergrund der Skottinden

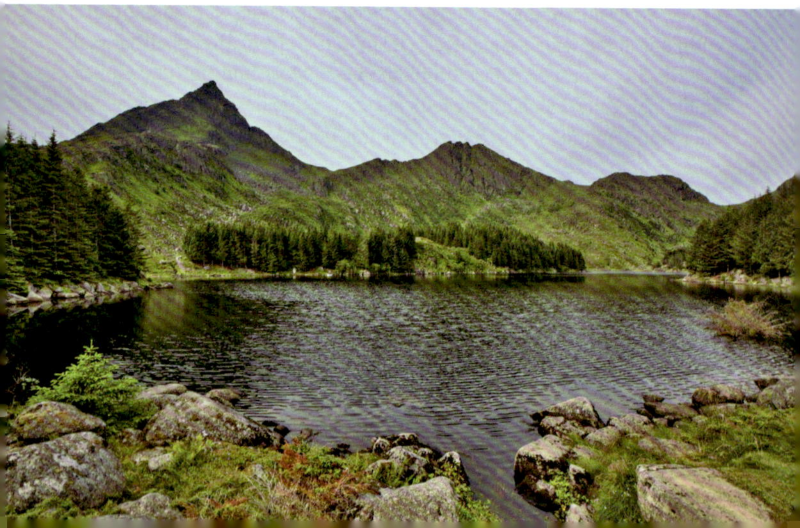

✎ keine Markierungen, Wege aber bis in den Sattel deutlich und gut zu finden, Gipfelaufbau teilweise weglos, aber offenes, freies Gelände

mittelschwere Tour, zu Beginn sehr einfach, dann steiler, etwas Trittsicherheit erforderlich

keine Einkehrmöglichkeiten auf der Tour, stattdessen Einkehr im 8373 Café in Ballstad, ca. 1 km entfernt

Bank mit Tisch (km 2,8), schöne Sitzmöglichkeiten an den Seen (ab km 1,9, 2,7 und 3,7) und am Gipfel (km 5,2)

Die Tour ist für Kinder gut geeignet. Vielleicht lässt man auch den Gipfel aus und macht nur die Seenrunde. Da gibt es einige Möglichkeiten zum Spielen und Planschen.

Die Tour ist für Hunde geeignet. Aufgrund der Schafweiden müssen sie aber angeleint werden.

P Sie fahren in Richtung Ballstad, bis nach rechts die Straße Reineveien abzweigt, in die Sie nicht einbiegen. Wenig später ist rechts eine Parkbucht. Hier können Sie parken.

Die Linie 18-766 fährt mehrmals täglich von Leknes nach Ballstad. Die Bushaltestelle befindet sich am Ausgangspunkt der Wanderung.

Sie gehen auf der Straße, von der Sie gekommen sind, zurück, bis nach links die Straße Reineveien abzweigt. Sie biegen auf die Schotterstraße ein, die zwischen den Häusern hindurchführt. Bald passieren Sie rechts einen See und gehen durch ein Gatter. Kurz vor einem einzelnen Haus gehen Sie wieder durch ein Gatter und dann nach links abwärts.

Sie wandern nun auf dem Steig, der Sie wieder zu einer Schotterstraße bringt. Hier gehen Sie wieder durch ein Gatter und folgen dem geradeaus führenden Schotterweg bergab bis zu einer **Kreuzung ❶**. Nun biegen Sie mit einem Steig nach links ab und wandern am Ufer eines Sees entlang. Sie treffen wieder auf eine Schotterstraße, die zwischen diesem und einem weiteren See hindurchgeht. Die Straße bringt Sie zu einem weiteren See.

Der Weg taucht kurz in einen Fichtenwald ein und führt zu einer schönen **Sitzbank mit Tisch ❷**. Hier biegen Sie nach links ab und wandern durch den dichten Fichtenwald. Nach dem Verlassen des Waldes gehen Sie auf einem Steig nach links. Sie spazieren über die Wiesen in Richtung Ufer, überqueren einen Bach und stehen bald an einem Wegweiser mit der

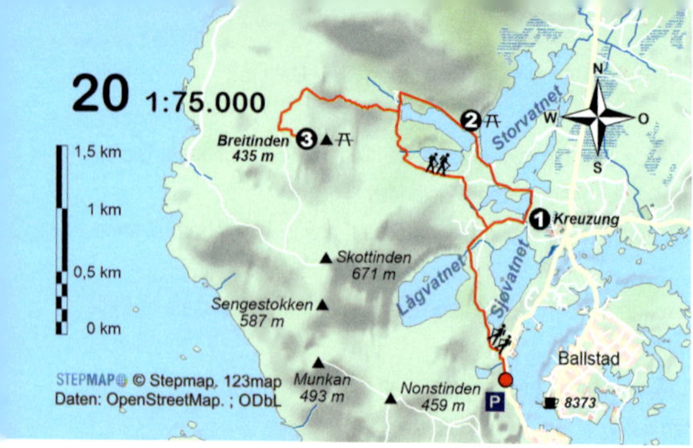

Aufschrift „Skottind". Hier biegen Sie nach rechts ab und wandern auf dem Steig bergauf.

Durch die Steilheit gewinnen Sie schnell an Höhe. Die Aussicht auf die Seenlandschaft wird dabei immer großartiger. Über Ihnen steht der mächtige Skottinden, der immer wieder die Blicke auf sich zieht. Sie steigen immer weiter hinauf, bis Sie den Sattel zwischen Breitinden und Trolldastinden erreichen. Hier genießen Sie nicht nur die Aussicht in Richtung Osten, auch nach Westen zum Nappstraumen ist der Blick großartig.

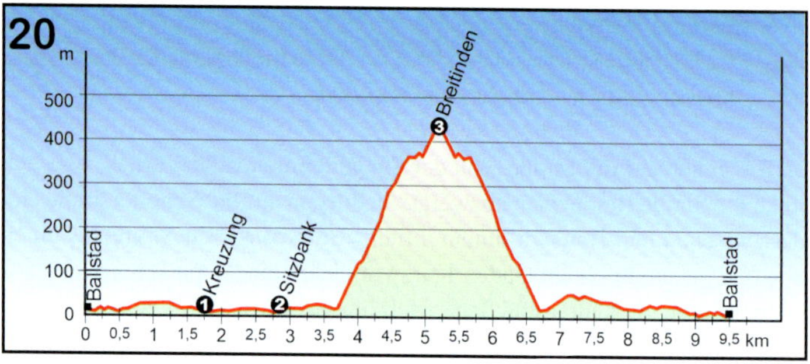

Für die Besteigung des Breitinden wandern Sie auf dem gut sichtbaren Pfad nach links. Genau an der Stelle, an der Sie den Skottinden erneut sehen, verlassen Sie den Steig und steigen direkt hinauf in Richtung des Gipfels. Hier gibt es keinen Steig mehr. Einzelne Steigspuren helfen beim Hochsteigen, teilweise müssen Sie aber die Höhenmeter auch weglos überwinden.

Oben auf dem Gipfel des **Breitinden ❸** genießen Sie dann eine grandiose Aussicht auf das Meer zu beiden Seiten des Gipfels. Aber auch der Nachbargipfel Skottinden fesselt mit seinem steilen Gipfelaufbau.

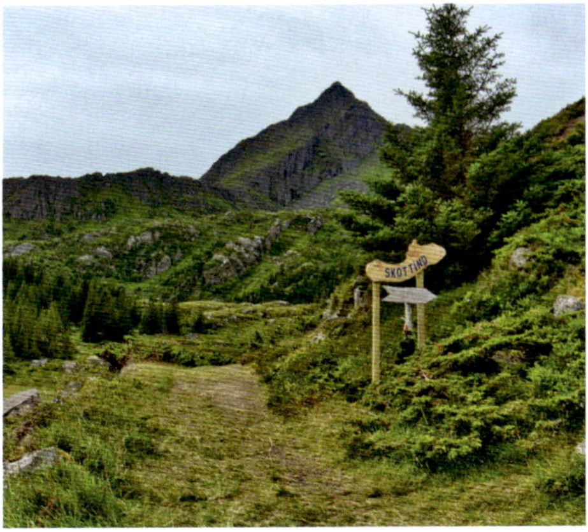

Wegweiser unter dem Skottinden

Für die Gipfelpause lassen Sie sich ordentlich Zeit. Schließlich wandern Sie vom Breitinden auf dem vom Anstieg bekannten Weg hinunter erst in den Pass und dann weiter bis zum See, wo Sie der Wegweiser auf dem Hinweg zum „Skottind" geschickt hat. Hier wenden Sie sich nach rechts und spazieren am Ufer des Sees entlang. Sie folgen dem Steig leicht aufwärts. Kurz nachdem Sie einen lichten Wald betreten haben, gehen Sie scharf nach rechts und wandern dann in einem Bogen wieder in südliche Richtung. Sie überqueren einen Bach und gelangen zu einem See, den Sie auf der rechten Seite umgehen. Der Weg führt teilweise bergauf. An einer Wegteilung am Ende des Sees biegen Sie nach rechts ab. Auch an der nächsten Wegkreuzung halten Sie sich rechts. Sie steigen nun über Grasgelände bergab, durchqueren noch einmal ein Schafgatter und steigen hinauf zum Schotterweg, den Sie bereits vom Hinweg kennen. Nun wandern Sie auf bekanntem Weg zurück zum Ausgangspunkt.

☺ **Seenrunde**

Sie können die Runde verkürzen und einfach den Gipfel auslassen und somit die Rundtour entlang der Seen unternehmen. Damit verkürzt sich die Wanderung auf 6,5 km und ist besonders auch für Kinder sehr gut geeignet.

8373 Café in Ballstad

Das 8373 Café bietet leckeren Kuchen und Torten an. Es gibt auch warme Gerichte.

♦ 8373 Café, Øyaveien 99, 8373 Ballstad, Di-So 11:00-17:00

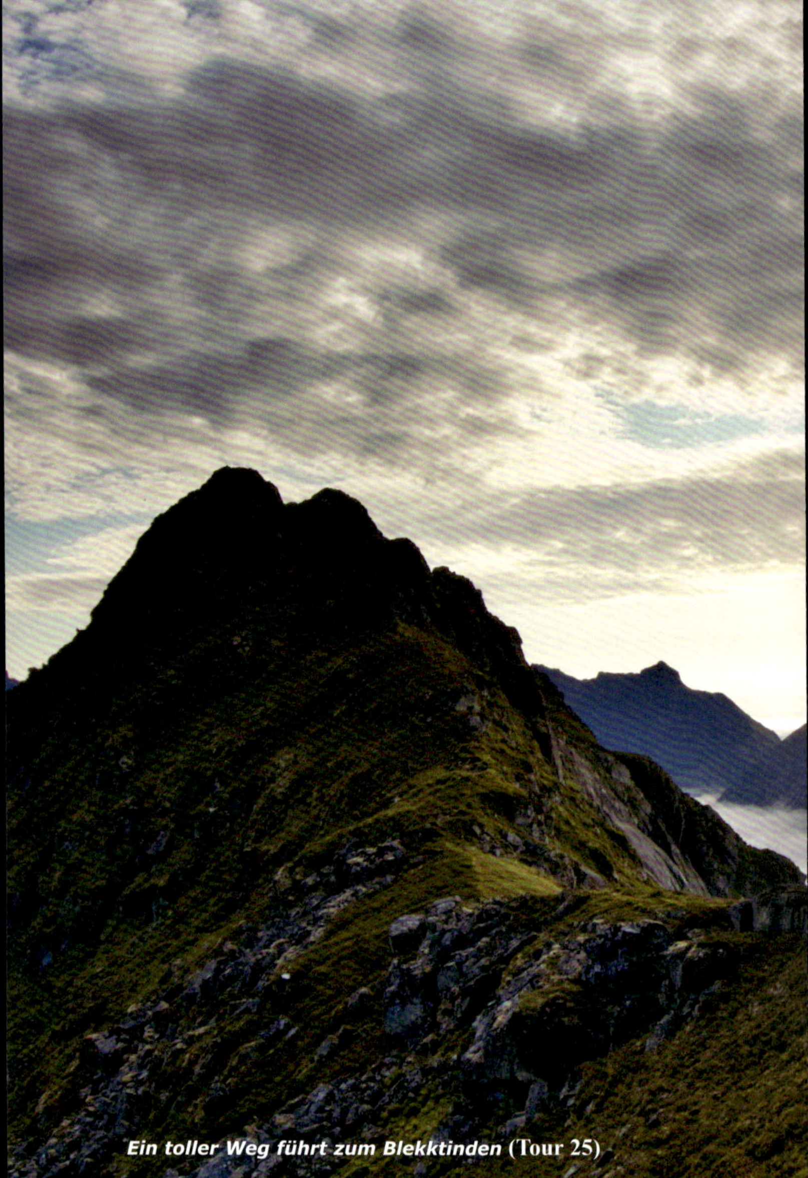

Ein toller Weg führt zum Blekktinden (Tour 25)

Die Insel Flakstadøya

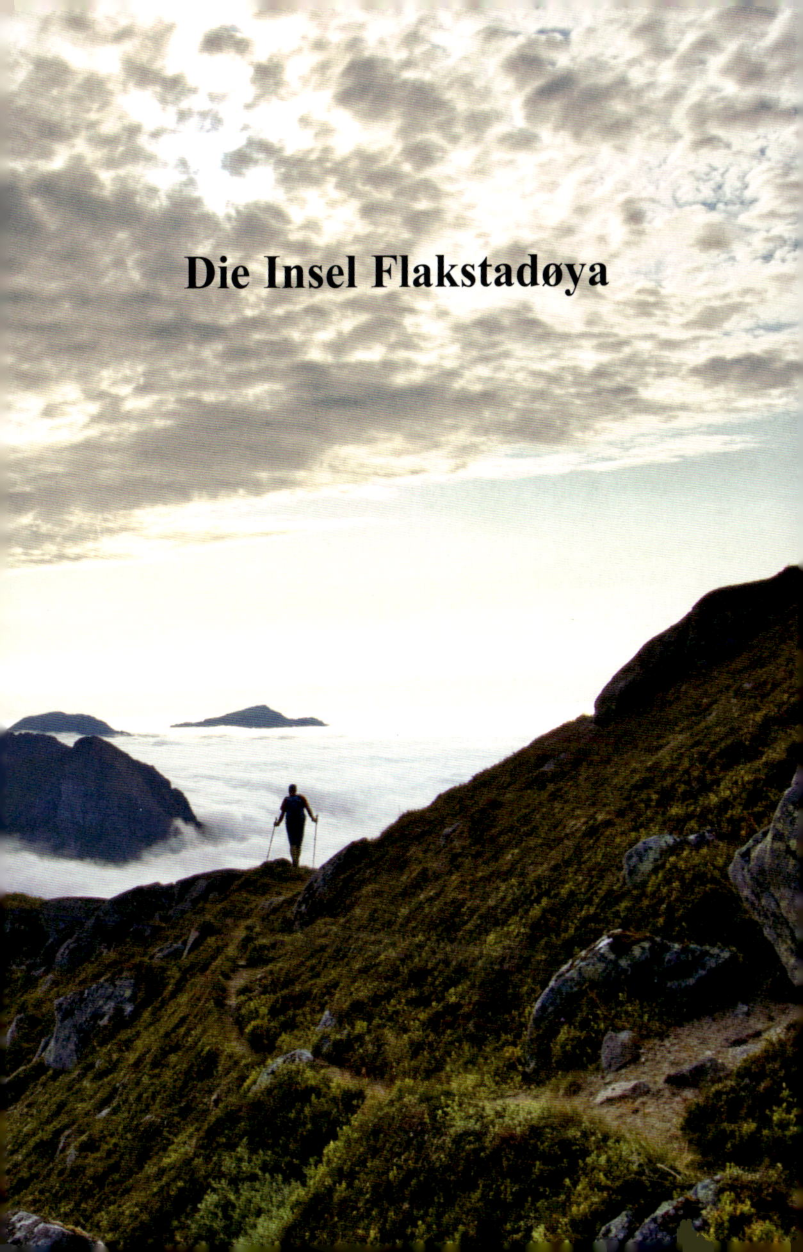

21 Zur Nesheia oberhalb von Nusfjord

Tour für Liebhaber grenzenloser Freiheit

Die Nesheia liegt im Süden von Flakstadøya direkt oberhalb des hübschen Ortes Nusfjord. Der Tiefblick vom Steinmann auf das Örtchen ist äußerst beeindruckend. Die Tour ist nicht allzu lang und hat einige herrliche Abschnitte, bei denen Sie hinunter zum Nappstraumen und hinüber zum Skottinden auf Vestvågøya blicken. Auch schwierig ist sie eigentlich nicht, wenn da nicht eine Felsrinne wäre, die etwas Geschicklichkeit erfordert.

- Start/Ziel: Parkmöglichkeit am See Storvatnet nördlich von Nusfjord, GPS N 68°03.146' E 013°21.218'
- 7,8 km
- 3 Std.
- 444 m/444 m
- 31-402 m
- Erster Teil des Anstiegs bis zur Abzweigung mit alten roten Markierungen. Der Gipfelanstieg ist mit Steinmännern markiert. Auf der „Mondlandschaft" sind viele Varianten möglich.
- Eigentlich einfach zu begehende Wege, es gibt aber eine steile Felsrinne, die etwas Geschicklichkeit erfordert.
- keine Einkehrmöglichkeiten auf der Tour, stattdessen verschiedene Einkehrmöglichkeiten in Nusfjord, ca. 2,5 km entfernt
- keine Rastplätze, aber schöne Sitzmöglichkeiten auf dem Gipfel über Nusfjord (km 3,9)
- Die Tour ist für Kinder nur bis zur Rinne geeignet.
- Die Tour ist für Hunde aufgrund der Rinne nicht geeignet.
- Sie parken an der Straße kurz vor Nusfjord an der rechten Seite, am Ende des Sees Storvatnet.
- Der Ausgangspunkt ist mit dem Bus nicht erreichbar.

Auf der gegenüberliegenden Straßenseite des Parkplatzes beginnt ein Pfad (Wegweiser „Napp"). Nach wenigen Metern geht es gleich zur Sache: Der Weg zieht steil durch den Wald bergauf und bringt Sie gleich

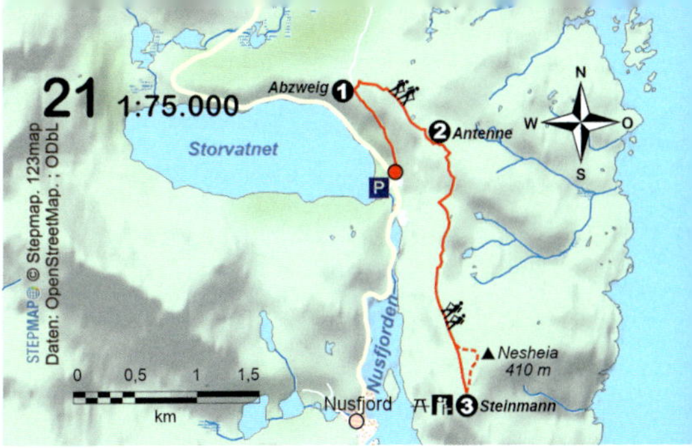

ordentlich auf Temperatur. Immer wieder kommen auch längere Hangquerungen, die Sie zunächst nach Nordwesten führen. Zwischendurch bekommen Sie einen ersten Blick auf Nusfjord.

Das Gelände wird freier und Sie sehen Stromleitungen. Unterhalb eines „Stromkastens“ entdecken Sie einen unmarkierten Steig, der nach rechts abzweigt ❶. Hier verlassen Sie den Weiterweg Richtung Napp und wandern auf dem Steiglein bergauf. Steinmänner weisen Ihnen dabei den Weg. Bald dreht der Steig nach Südosten ab. Der Weg bringt Sie in einen kleinen Sattel.

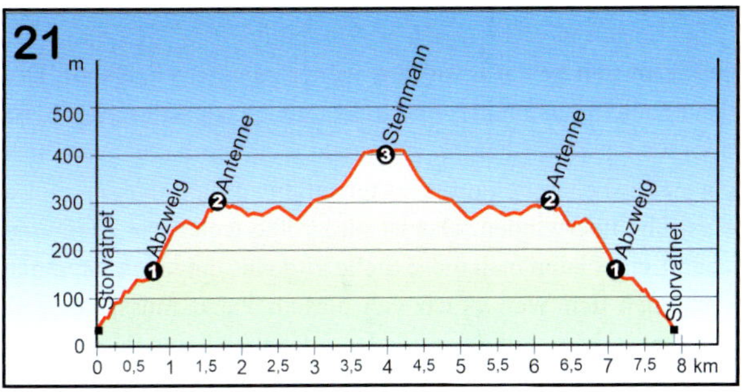

☺ ➯ Sie könnten auch schon etwas vor dem „Stromkasten“ abzweigen, um zum Steiglein und dann dem Sattel zu gelangen. Bei einem Strommast, der zu einer nach oben führenden Leitung gehört, ziehen ebenfalls Steigspuren bergauf. Im oberen Bereich treffen Sie auf die mit Steinmännchen markierte Spur.

Vom Sattel nimmt Sie der Weg leicht bergab mit zu einem kleinen See. Sie peilen nun eine große **Antenne** ❷ an. Zuletzt steigen Sie steil hinauf

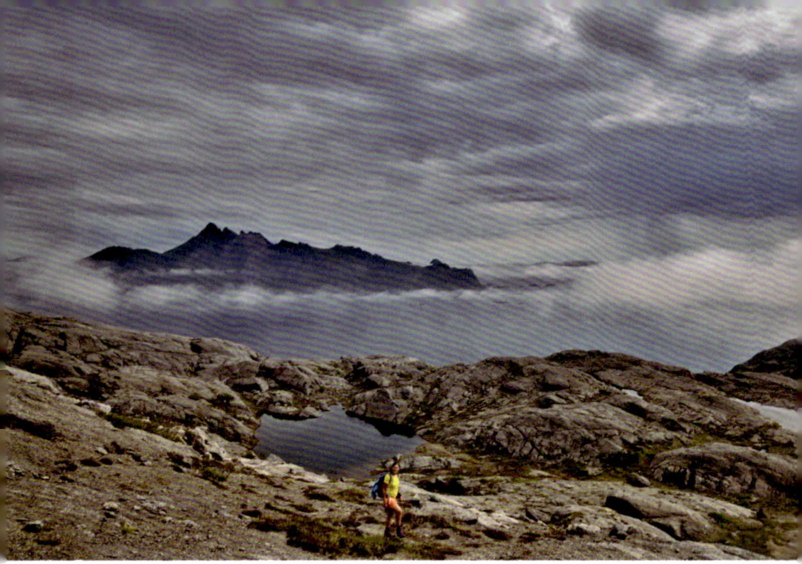

Am Weg zur Nesheia, im Hintergrund der Skottinden

zu dieser und gehen geradeaus weiter zu einem Felskopf. Der Steig führt dann nach links hinunter und links um den nächsten Kopf herum. Sie wandern weiter, leicht bergab, zu einem weiteren Sattel. Vor Ihnen türmt sich ein steiler Felsgipfel auf. Sie steigen hinauf und müssen nun eine schmale Felsrinne überwinden. Das ist die größte technische Herausforderung der Tour. Leider kann man diese Stelle nirgends umgehen. Steinmännchen weisen Ihnen den Weg. Auch von diesem Punkt müssen Sie gleich wieder leicht absteigen, um dann wieder aufsteigend einen weiten Sattel zu erreichen. Die Umgebung wirkt hier wie eine Mondlandschaft.

Nun geht es endlich auf die Nesheia zu. Der Steig mit den Steinmännchen führt allerdings rechts am höchsten Punkt vorbei. Ziel ist bei der Tour ein großer **Steinmann ❸**, von dem Sie einen grandiosen Tiefblick auf Nusfjord haben. Aber auch der Skottinden auf der Insel Vestvågøya im Osten beeindruckt sehr. Hier legen Sie erst einmal eine ausgiebige Rast ein. So direkt über dem Meer nehmen Sie sich Zeit für das herrliche Panorama.

↳ Nach der Pause an dem großen Steinmann können Sie noch dem höchsten Punkt einen Besuch abstatten. Sie gehen auf Steigspuren über den breiten Grat und ein paar leichte Felsen bis zu einem Felskopf, der sich in den Weg stellt. Diesen umgehen Sie rechts und steigen nun ohne besondere Probleme zum Gipfelsteinmann. Wenn Sie möchten, können Sie den Gipfel auch überschreiten. Dann müssen Sie aber eine steile Felsplatte hinunterklettern. Danach umgehen Sie eine weitere Graterhebung und gelangen wieder nach links absteigend zum Aufstiegsweg.

Vom großen Steinmann gehen Sie über die Mondlandschaft zurück und kommen bald schon an die Rinne. Hier sollten Sie unbedingt etwas vorsichtig sein, es besteht zwar eigentlich keine Absturzgefahr, aber ein Ausrutschen hätte sicher einige Verletzungen zur Folge.

Von hier wandern Sie am bekannten Weg zurück zur Antenne und weiter zur Wegkreuzung mit dem Strommast und dem Weg nach Napp. Sie drehen wieder nach Südost und steigen den steilen Abstieg hinunter bis zur Straße, überqueren diese vorsichtig und sind wieder zurück am Parkplatz. Jetzt haben Sie sich einen Besuch mit Einkehr in Nusfjord wirklich verdient.

☺ Nusfjord

Das alte Fischerdorf Nusfjord gehört zum UNESCO-Weltkulturerbe. Es ist in ganz Nordnorwegen mit am besten erhalten. Die pittoresken Häuser im engen Fjord werden gerne fotografiert. Sie sollten sich das im Fjord liegende Fischerdorf in Ruhe ansehen und dort auch einen Kaffee genießen. Allerdings dürfen Sie sich nicht von den Touristen abschrecken lassen, die hier teilweise mit Bussen ankommen, um die Sehenswürdigkeit zu besichtigen.

Tiefblick auf Nusfjord

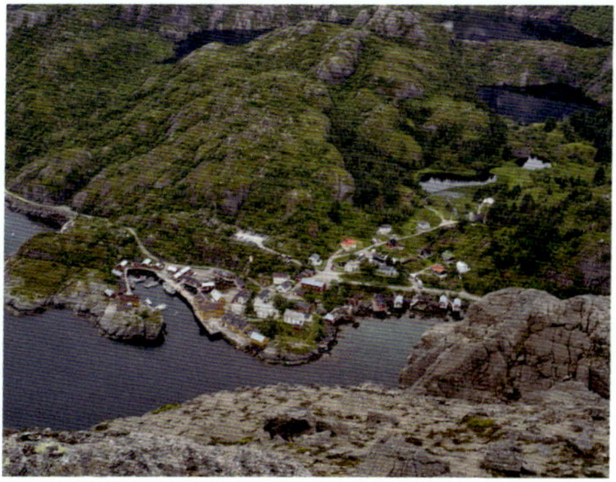

22 Von Nesland nach Nusfjord

Tour für Liebhaber von Küstenwanderungen

Diese Wanderung führt entlang einer eindrucksvollen Küste vom kleinen Örtchen Nesland in das alte Fischerdorf Nusfjord. Die Wanderung kann in beide Richtungen begangen werden. Bei der vorgeschlagenen Richtung können Sie in Nusfjord einkehren, bevor Sie wieder zurückwandern.

- Start/Ziel: Parkmöglichkeit in Auster Nesland, GPS N 68°14.484' E 014°31.983'
- 9,3 km
- 3 Std.
- 323 m/323 m
- 3-82 m
- Gut markierter Steig (rotes T, Steinmännchen). Sie sollten trotzdem an einigen Stellen achtsam sein.
- teilweise feuchtes, teilweise steiniges Gelände ohne besondere Schwierigkeiten, an einer Stelle versichert

Im Fischerdorf Nusfjord

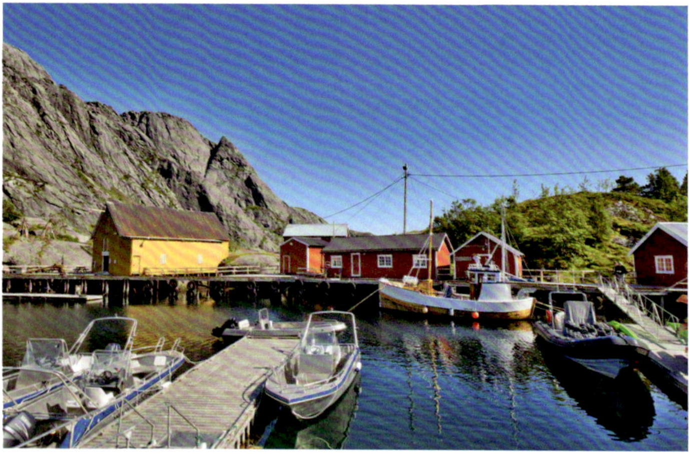

Einkehr auf halber Strecke in Nusfjord in einer der zahlreichen Möglichkeiten

keine Rastplätze, aber schöne Sitzmöglichkeiten am Aussichtspunkt (km 1 bzw. 8,3) zu Beginn der Wanderung und auch zwischendurch immer wieder Möglichkeiten

Die Tour ist für Kinder ab 10 Jahren gut geeignet. Das Turnen über die Blöcke macht Spaß.

Die Tour ist für größere Hunde gut geeignet. Nur über die Holzleiter muss man sie unterstützen.

Sie parken in Auster Nesland, bevor die Straße endet.

Der Ausgangspunkt ist mit dem Bus nicht erreichbar.

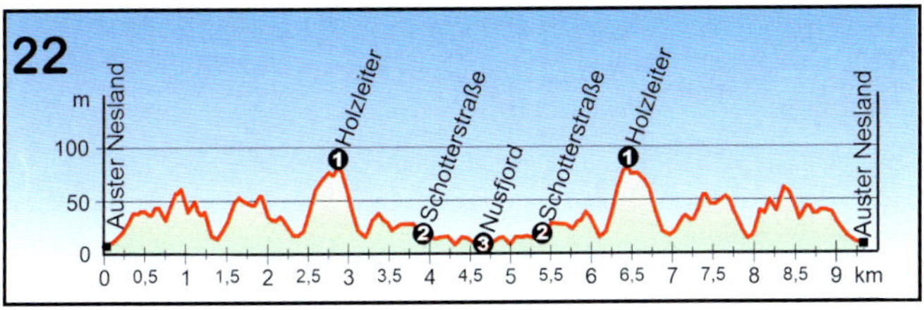

Vom Parkplatz in Nesland wandern Sie zwischen den Hütten hindurch. Ein Wegweiser schickt Sie nach links bergauf. Hier finden Sie auch eine Schautafel, die über die Historie dieses alten Fischerweges zwischen den beiden Dörfern erzählt. Bald schon gehen Sie nach rechts und wandern über hügeliges Gelände leicht bergauf. Der Weg quert dann einen Hang und führt in einen kleinen Sattel. Rechts vom Sattel befindet sich ein Aussichtspunkt, dem Sie einen Besuch abstatten können.

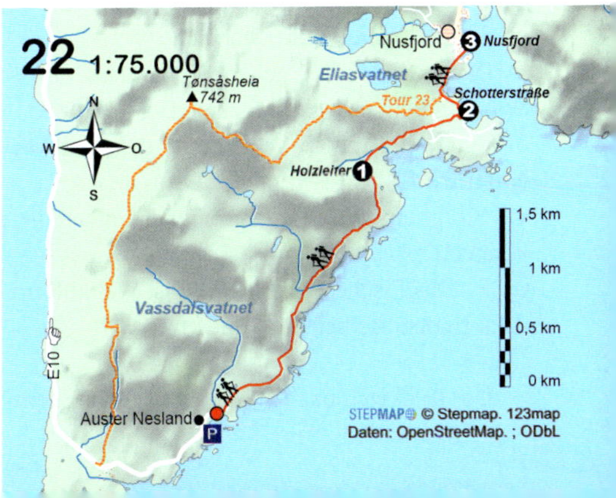

Sie queren nun immer wieder auf- und absteigend bis zu einem schuttigen Abschnitt, der in Richtung Küste zieht. Über Blöcke

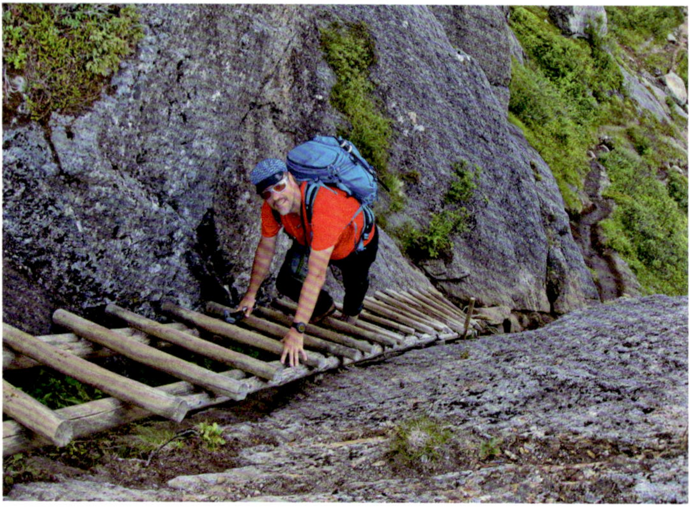

Die kurze Leiter am Küstenweg

turnen Sie zu einem Wäldchen. Durch dieses wandern Sie weiter bis zu einem feuchteren Abschnitt.

Danach helfen Ihnen solide Eisenketten über eine etwas ausgesetzte Stelle hinweg. Der Weg führt hinunter in grobes Blockwerk. Sie kraxeln über die Blöcke und steigen anschließend bergauf bis zum oberen Ende einer **Holzleiter** ❶. Mithilfe der Leiter steigen Sie hinunter und wandern in einem Bogen in ein Tälchen.

Durch dieses Tal gehen Sie bergauf und spazieren hinüber zu einer Wiese mit ein paar Felsblöcken. Der Weg führt durch das hügelige Gelände bis zur **Schotterstraße** ❷. Auf dieser gehen Sie nach links bis nach **Nusfjord** ❸. Am Beginn des Ortes gehen Sie nach rechts in das Zentrum, wo Sie in einer der Einkehrmöglichkeiten eine gemütliche Pause einlegen können.

☺ Das Fischerdorf Nusfjord ist Weltkulturerbe. Weitere Informationen dazu finden Sie bei ☞ Tour 21

Der Rückweg nach Nesland erfolgt auf dem bekannten Hinweg.

23 Ostanstieg zur Tønsåsheia

Tour für Panoramaliebhaber

Die Tønsåsheia ist ein mächtiger Berg im Süden der Insel Flakstadøya. Wir beschreiben hier den Ostanstieg von Nusfjord, der bis auf eine kurze Stelle über steiles Schuttgelände gut zu begehen ist.

- Start/Ziel: Parkmöglichkeit in Nusfjord, GPS N 68°02.082' E 013°21.009'
- 7,8 km
- 5 Std.
- 739 m/739 m
- 3-742 m
- guter Pfad, nicht markiert, immer wieder Steinmännchen
- Etwas Trittsicherheit ist erforderlich, aber die Wanderung ist nicht schwierig. Nur der Schutthang ist anstrengend und sollte bei Regen nicht begangen werden.

Der Südanstieg bietet grandiose Ausblicke

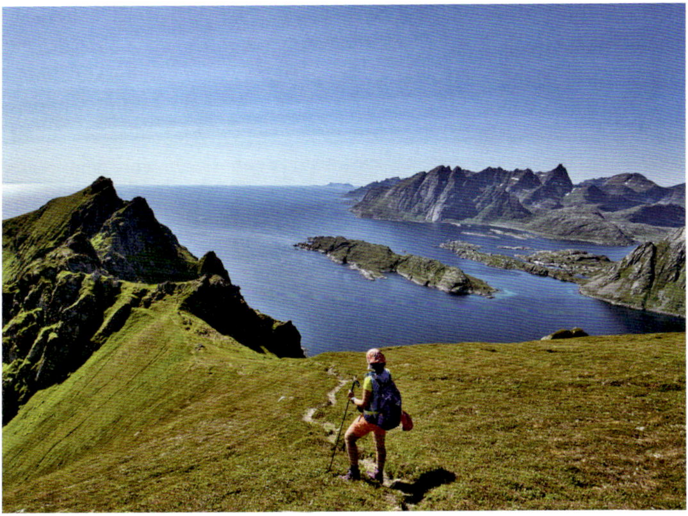

- keine Einkehrmöglichkeiten auf der Tour, stattdessen Einkehr in Nusfjord
- Es gibt keine Rastplätze, aber immer wieder gute Sitzmöglichkeiten. Eine gemütliche Pause können Sie vor allem am Gipfel machen (km 3,7).
- Die gesamte Tour ist für Kinder nicht geeignet, da sie relativ lang ist. Im ersten Teil des Ostanstieges kann man aber gut mit Kindern wandern. Durch die vielen Felsblöcke, die herumliegen, eignet sich das Gelände gut zum Spielen.
- Der Weg kann mit größeren Hunden gut begangen werden.
- Sie parken auf den Parkplätzen bei Nusfjord (gebührenpflichtig).
- Der Ausgangspunkt ist mit dem Bus nicht erreichbar.

Vom Parkplatz in Nusfjord folgen Sie der breiten Schotterstraße ein Stück in Richtung Nesland. Der Weg biegt an einem kleinen **Wegweiser ❶** nach rechts in den Wald ab. Sie wandern durch hügeliges Gelände bis zu einer Wiese mit Felsblöcken.

Hier biegen Sie vom Weg in Richtung Nesland nach rechts ab. Der Weg führt über einen kleinen Aussichtsfelsen und weiter durch das hügelige Gelände bergauf. Rechts erkennen Sie ein schönes Tal mit einem See.

An einer Felsmauer queren Sie nach links. Der Weg dreht wieder nach rechts und bringt Sie über ein Schotterfeld unterhalb großer Felswände bergauf. Der Abschnitt ist mitunter etwas mühsam. Sie gehen zwischen ein paar Blöcken hindurch und folgen dem guten Steig bergauf bis kurz unterhalb eines breiten **Wiesensattels ❷**. Kurz vor dem Sattel zweigt bei einem Steinmann der Gipfelanstieg nach rechts ab. Über einen breiten Rücken wandern Sie aufwärts, bis der Steig kurz nach links quert. Sie erreichen nun das breite Gipfeldach, über das Sie bequem hinaufspazieren.

Am Gipfel des Tonsosheia

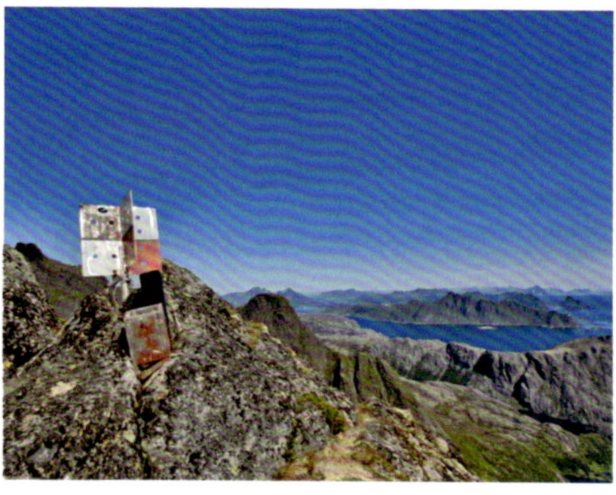

Die letzten Meter zum Gipfel der **Tønsåsheia** ❸ legen Sie über den unschwierigen Grat zurück. Bei den Gipfelfelsen können Sie sich bequem hinsetzen und Ihre Pause bei großartiger Aussicht genießen. Der Weg zurück erfolgt auf dem bekannten Hinweg.

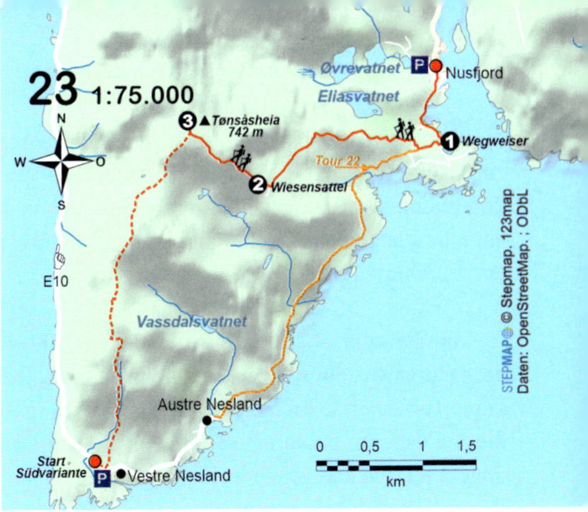

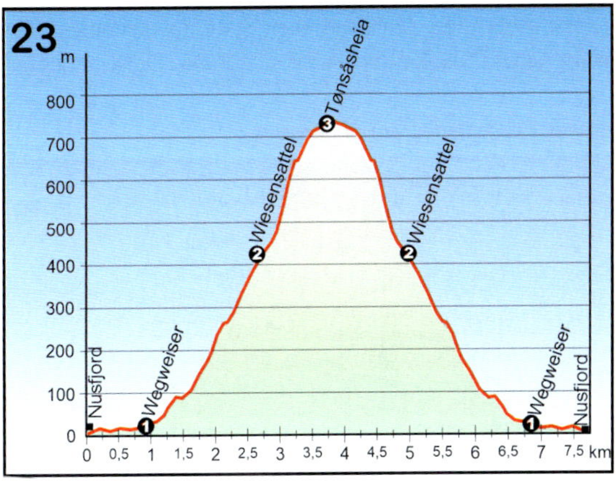

☺ ↬ Tønsåsheia von Süden

Neben dem bekannten Ostanstieg gibt es noch eine steilere Variante von Süden. Der Weg ist deutlich schwerer, erfordert Trittsicherheit, Schwindelfreiheit und Orientierungsvermögen sowie trockene Verhältnisse. Sind diese Voraussetzungen gegeben, erwartet Sie eine großartige Bergtour. Da der Ostanstieg einfacher ist, empfehlen wir über diesen anschließend nach

Nusfjord abzusteigen und über den Küstenweg zum Ausgangspunkt zurückzuwandern. Das ist dann eine sehr lang Wanderung, aber für geübte, konditionsstarke Bergsteiger eine wahre „Königstour“. Die gesamte Tour hat eine Länge von 13,5 km und im Auf- und Abstiegt sind 900 Höhenmetern zu überwinden.

Vom Parkplatz bei Vestre Nesland gehen Sie ein paar Meter in Richtung der Häuser, bis ein schwacher Pfad nach links abzweigt. Sie wandern über kupiertes Gelände bis zu dem steilen Grashang. Rechts vom Bach führen die Steigspuren bis in eine Höhe von 130 m. Dann queren Sie nach links über den Bach und gehen weiter den Steilhang hinauf. Die Steigspuren verlieren sich. Sie gehen einfach weiter nach oben, bis endlich das Gelände abflacht.

Nächstes Ziel ist eine Scharte im Kamm geradeaus vor Ihnen. Genauer gesagt, liegt diese auf der linken Seite des Kammes. Vor Ihnen liegt ein Wollgrasfeld, das etwas feucht sein kann. Dieses können Sie problemlos

Steiles Grasgelände am Südanstieg

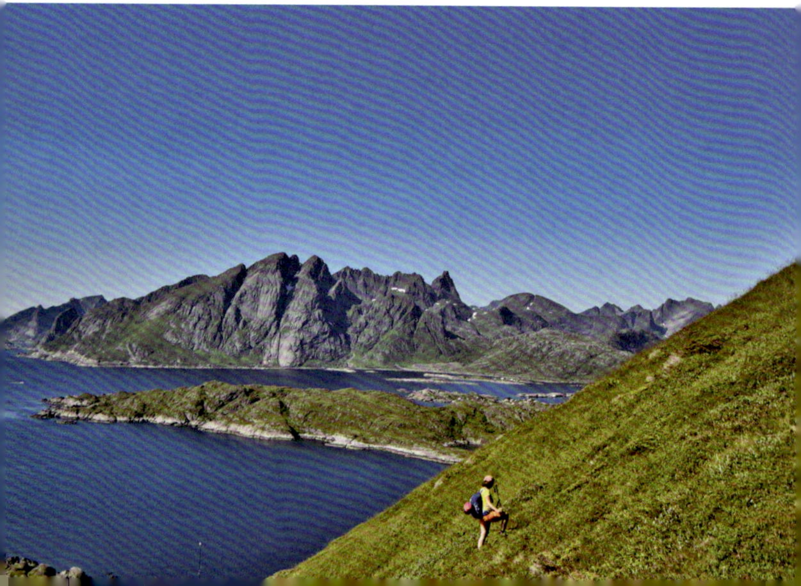

auf der linken Seite umgehen und dann gehen Sie weiter geradeaus bis unter den Kamm. Zum Ende queren Sie nach links in die Scharte. Nach diesem steilen Auftakt atmen Sie erst einmal durch.

Hier beginnen Steigspuren, die nach rechts über den Kamm bergauf bis zu einem Aussichtspunkt führen. Grandios ist die Aussicht auf das Meer, die Fjorde und vor allem die umliegenden Gipfel der Insel Moskenesøya.

Hier ist auch eine kleine Wegteilung. Steinmännchen weisen den Weg geradeaus in die Flanke. Auf einem engen Grasband queren Sie die steilen Hänge in eine schmale Scharte. Hier gehen Sie eine kleine Rinne nach rechts abwärts, steigen dann gleich wieder nach links. Sie gelangen zu einer weiteren Rinne, die Sie hinabklettern. Nach der Rinne führt ein Band nach rechts in eine weitere Rinne. Durch diese gelangen Sie problemlos in eine weitere Scharte. Nun führt der Steig ein Stück über den Grat. Dann gehen Sie in die linke Flanke, bis Sie die Steigspuren wieder auf den Grat leiten. Diese ignorieren Sie aber und gehen über eine Rinne bergab zu einem Steig. Auf diesem queren Sie wieder durch steiles Grasgelände bis zu einem breiten Rücken. Der nun breitere Steig umgeht einen Vorgipfel und bringt Sie in eine wenig ausgeprägte Scharte vor dem Hauptgipfel. Über gut zu begehendes Gelände wandern Sie bis unterhalb der Gipfelfelsen. Sie wenden sich kurz nach rechts und steigen dann steil hinauf zum Grat. Hier gibt es mehrere Möglichkeiten. Nun sind es nur noch wenige Meter bis zum höchsten Punkt der Tønsåsheia.

Grandios ist dort die Aussicht. Der Blick reicht weit über das Meer bis zum norwegischen Festland. Wunderschön ist aber auch der Ausblick auf die umliegende Bergwelt der Lofoten.

Sie können auf dem Anstiegsweg auch wieder absteigen. Durch die Steilheit des Geländes ist dieser aber nicht zu unterschätzen und sollte nur von absolut sicheren Bergsteigern begangen werden. Wie schon erwähnt ist der Abstieg über die Ostvariante nach Nusfjord deutlich einfacher.

Von Nusfjord müssen Sie dann am Küstenweg entlang (☞ Beschreibung Tour 22) wieder zurück zum Ausgangspunkt der Südvariante wandern. Hierfür muss man vom Ende der Tour 22 in Auster Nesland noch ein Stück auf der Straße bis Vestre Nesland gehen.

24 Die Überschreitung des Hustinden

Tour für Freunde von aussichtsreichen Überschreitungen

Der Hustinden ist ein mächtiger, frei stehender Berg im Norden der Insel Flakstadøya. Gerade beim Blick vom Strand von Ramberg aus erhebt er sich mächtig über dem Meer. Die Wanderung ist verhältnismäßig einfach, aber landschaftlich großartig. Vor allem der Rückweg vom hübsch gelegenen Vikten durch das märchenhafte Tal begeistert.

- Start/Ziel: Parkplatz am Skizentrum, GPS N 68°07.825' E 013°23.389'
- 10,6 km
- 6 Std.
- 843 m/843 m
- 11-660 m
- Es gibt keine Markierungen, die Steige sind aber gut zu erkennen.
- teilweise steile Auf- und Abstiege am Hustinden, etwas Trittsicherheit erforderlich, insgesamt aber gut zu begehen
- Einkehrmöglichkeit in einem schönen Café in Vikten (km 5,5)
- keine Rastplätze, aber schöne Sitzmöglichkeiten am Gipfel (km 2,7) sowie am See (km 6,9)
- Die Tour ist teilweise sehr steil und auch lang und daher für Kinder im Ganzen nicht geeignet. Für Kinder geeignet ist aber der Weg vom Skizentrum oder von Vikten zum See. Leider ist das Baden im See verboten.
- Die Tour ist für größere Hunde gut geeignet. Beim Weg von Vikten zum Parkplatz auf den Schafweiden bitte anleinen.
- Sie parken an einem kleinen Skizentrum oberhalb der Straße zwischen Vareid und Napp.
- Die Linie 18-742 fährt mehrmals täglich zwischen Å und Leknes. Sie hält an der E10 unterhalb des Skiliftes.

Sie gehen vom Parkplatz durch das Schafgatter (bitte wieder schließen) und folgen dem breiten Weg noch ein Stück bergauf. Dann nehmen Sie eine nach links abzweigende Pfadspur. Das Steiglein führt durch teilweise feuchtes Gelände zu einem Bach, den Sie überqueren. Sie wandern weiter in der gleichen Richtung bis zu einer Teilung des Pfades in der Nähe eines Sees. Hier gehen Sie geradeaus. Der Steig biegt bald nach links ab, dann wenig später nach rechts und wieder nach links. Hier ist er ziemlich undeutlich. Sie queren nach rechts zu einem Absatz auf dem breiten Grasrücken. Jetzt treffen Sie wieder auf deutlichere Steigspuren. Diese leiten Sie nach rechts über den Rücken hinauf. Sie bleiben dabei immer auf dem Rücken, auch wenn teilweise Steigspuren nach links abzweigen. Die Aussicht wird immer großartiger. Sie genießen einen herrlichen Blick in Richtung Leknes und zu den Stränden von Flakstadøya.

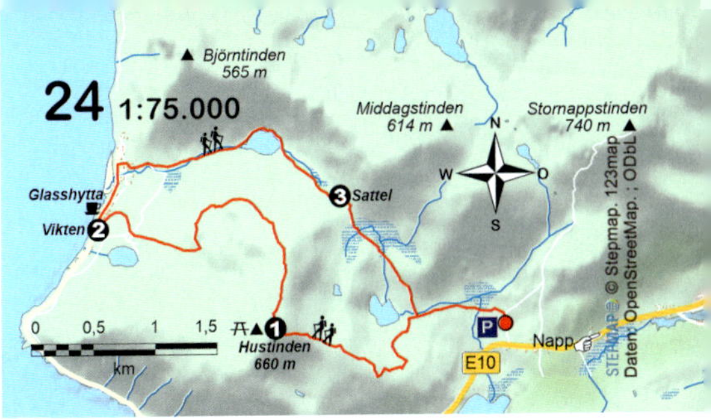

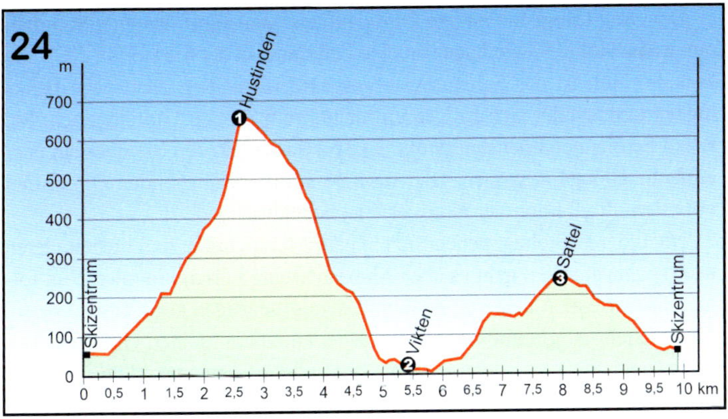

Sie gehen auf dem gut sichtbaren Steig hinauf zu einem breiten Plateau. Der Gipfelaufbau des Hustinden ist gut sichtbar. Der Steig führt am rechten Rand des Plateaus weiter. Dabei genießen Sie einen fantastischen Tiefblick zu einem See. Wenn Ihnen dieser Gang zu exponiert ist, können Sie weglos auch etwas weiter links gehen.

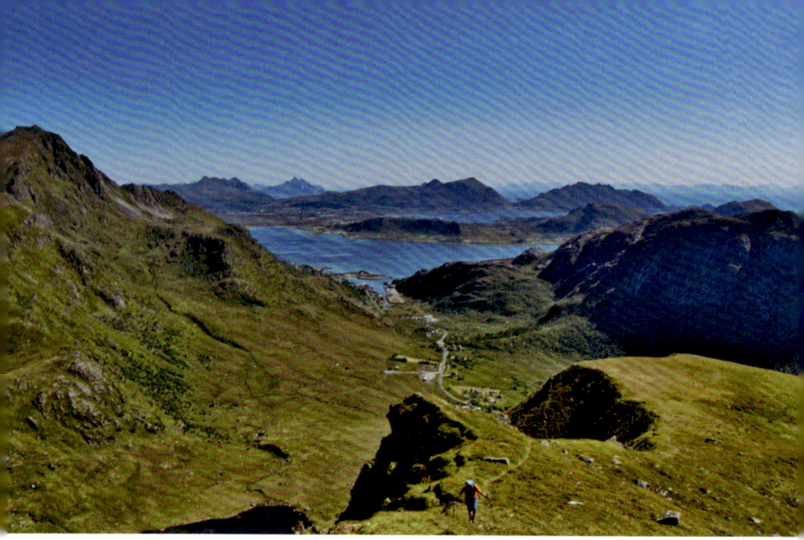

Großartiges Panorama am Weg zum Hustinden

Der Weg bringt Sie an den Gipfelaufbau. Steil führt das gute Steiglein nun in die Höhe. Sie gelangen an eine Felsrinne, in der Sie steil in die Höhe kraxeln. Nun ist das Schwierigste geschafft. Der Steig zieht nach rechts hinaus und windet sich in Kehren hinauf zum großen Gipfelbereich. Sie sehen bereits den höchsten Punkt des **Hustinden ❶**, den Sie über ein paar einfache Blöcke erreichen. Die Aussicht auf die umliegenden Gipfel und vor allem die Region der Nordküste ist beeindruckend.

Nach der Gipfelrast gehen Sie ein paar Meter zurück und biegen gleich nach rechts ab. Steil geht es über ein paar leichte Felsen hinunter. Nun folgen Sie auf einem längeren Abschnitt dem großartigen Grat. Insbesondere die Aussicht ist grandios. Der Grat endet an einem kleinen Gratkopf. Der Steig zieht zwar geradeaus weiter, besser ist es aber, vor dem Gratkopf nach links abzusteigen. Das schmale Weglein macht einen Bogen nach rechts und trifft hier wieder auf den Weg vom Gratkopf. Steil steigen Sie hinab in flacheres Wiesengelände. Nun queren Sie auf der Höhe bleibend nach links, bis Sie einen Rücken erreichen. Über diesen wandern Sie geradeaus bergab bis zu einem Schafgatter. Dieses schließen Sie auch wieder, nachdem Sie durchgegangen sind. Der Steig bringt Sie hinunter zu einer Schotterstraße. Sie nehmen gleich den nach rechts abzweigenden

Schotterweg, der wenige Meter später nach links führt. Er ist teilweise etwas mit hohem Gras überwuchert und bringt Sie hinunter nach **Vikten** ❷, wo Sie unbedingt im Café an der Straße einkehren sollten. Es gibt auch schöne Sitzplätze in der Nähe des Meeres hinter der Glasshytta.

Glasshytta Vikten, ☏ +47/97 71 60 23, www.glasshyttavikten.no, Juni-Mitte Aug tgl. 10:00-18:00, Mitte Aug-Sep tgl. 11:00-16:00, ein wirklich nettes Café. Gegenüber befindet sich die Glasbläserei mit Shop und Ausstellung. Sie können auch bei der Herstellung zusehen.

Pause im eindrucksvollen Küstenort Vikten

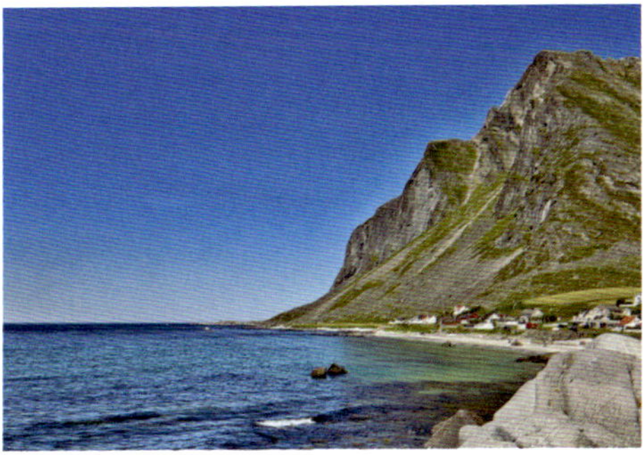

Anschließend wandern Sie entlang der Straße nach Norden. Sie biegen an einer Straße nach rechts ein. Etwas oberhalb steht eine große weiße Doppelgarage. An der folgenden Kreuzung gehen Sie nach rechts. Die Straße geht in einen Feldweg über und bringt Sie bis zu einer Dreiteilung des Weges. Hier gehen Sie geradeaus. Sie wandern am Zaun entlang bis zu einem Gatter, durch das Sie hindurchgehen.

Nun folgen Sie dem Steig entlang des Baches bergauf. Sie gehen zu Beginn auf der linken Seite, wechseln dann auf die rechte Seite und erreichen am Schluss einen schön gelegenen See. Diesen umrunden Sie auf der linken Seite. Leider ist das Baden im See verboten, weshalb Sie sich hier nicht abkühlen können. Sie folgen dem Steig nun hinauf in einen **Sattel** ❸ mit großen Felsblöcken. Nun haben Sie die Anstiegshöhenmeter geschafft – es geht ab hier nur noch bergab. Der Steig führt durch das vor Ihnen liegende Tal. Dann geht es ein Stück auf der linken Talseite entlang, bis Sie über eine kleine Rippe hinuntersteigen. Sie treffen wieder auf Ihren Aufstiegsweg, dem Sie links zurück bis zum Parkplatz beim Skizentrum folgen.

25 Gemütliche Tour zur Hestræva

Tour für Genusswanderer

Die Hestræva liegt direkt oberhalb der E10 zwischen Flakstad und Vareid. Bei genauerem Hinsehen erkennen Sie einen großartig geformten Felsgipfel. Der Gipfel ist relativ einfach auf schönem Weg zu erreichen und bietet eine herrliche Aussicht auf die umliegenden Berge und auf das Meer.

- Start/Ziel: Parkplatz in Kilan, GPS N 68°05.250' E 013°20.342'
- 4,7 km
- 3 Std.
- 422 m/422 m
- 7-429 m
- Es gibt keine Markierungen, die Steige sind aber gut zu erkennen.
- leichte Wanderung, guter Steig, im Gipfeldach weglos – bei guter Sicht keine Orientierungsprobleme
- keine Einkehrmöglichkeit unterwegs, aber in einem schönen Café in Vikten ca. 8 km entfernt, ☞ siehe Tour 24
- keine Rastplätze, aber schöne Sitzmöglichkeiten am Gipfel (km 2,3)
- Die Tour ist für Kinder geeignet, aber nicht so spannend – höchstens zum Ende der Saison, dann können Sie die Wanderung mit dem Suchen von Pilzen kombinieren.
- Die Tour ist für Hunde gut geeignet.
- Parken in Kilan, Parkbucht an der linken Seite beim letzten Haus in Richtung Vareid.
- Der Ausgangspunkt ist mit dem Bus nicht erreichbar.

Sie spazieren zu dem Haus auf der gegenüberliegenden Straßenseite. Links neben dem Zaun beginnt ein Steig. Sie gehen hier durch einen Schafzaun, den Sie natürlich wieder schließen. Der Weg bringt Sie zu einem **Bach ❶**, den Sie überqueren. Hier wenden Sie sich kurz nach rechts und biegen dann wieder nach links ab.

Der Weg führt bergauf und Sie genießen eine immer grandiosere Aussicht auf den Fjord und die Berge auf der gegenüberliegenden Seite. Sie gehen durch ein kleines Birkenwäldchen, überqueren die folgende Freifläche und erreichen wieder einen Waldgürtel mit kleinen Birken.

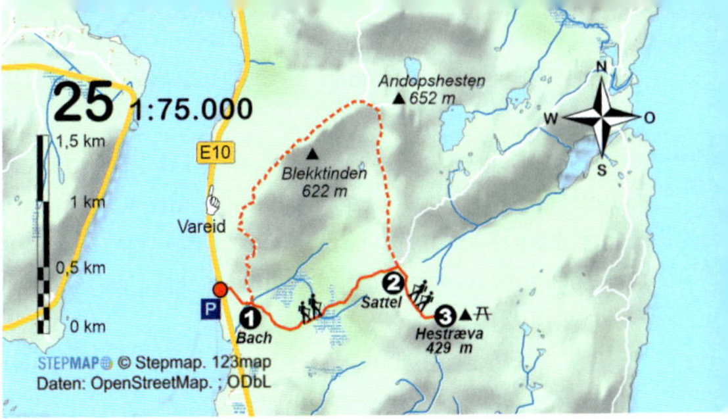

Der Steig steigt nun sehr steil durch diesen Wald hindurch bergauf. Über freies Gelände kommen Sie schließlich in einen **Sattel ❷**. Hier biegen Sie nach rechts und steigen durch eine einfache Felsrinne. An ihrem Ende verlassen Sie den deutlichen Steig, der geradeaus weiterführt. Sie wandern nun nach rechts zum großen Gipfeldach. Oben wenden Sie sich nach links und steigen über das Dach bis kurz unter die Gipfelfelsen. Die Steigspuren werden immer steiler und ziehen bis zu den Blöcken des Gipfelgrats. Sie können nun über den Grat oder einfacher links davon zu den Steinmännern auf dem Gipfel der **Hestræva ❸** steigen. Die Aussicht ist grandios. Gegenüber ragen eindrucksvolle Berggestalten der Insel Flakstadøya in die Höhe. Großartig ist auch der Blick zum Skottinden über dem Nappstraumen. Auch der benachbarte Blekktinden zieht die Blicke auf sich.

Der Abstieg führt über den Aufstiegsweg.

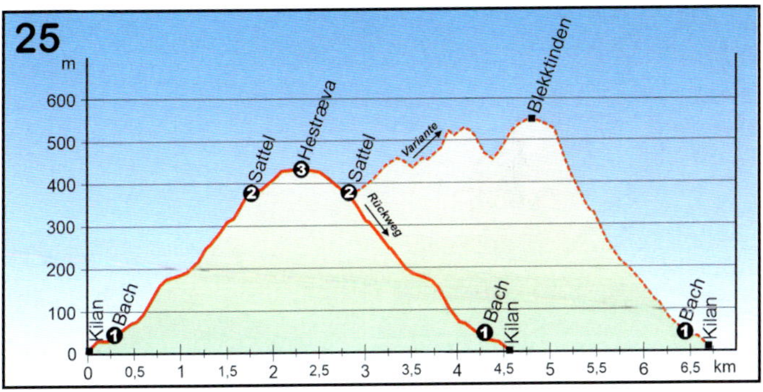

⇘ Variante zum Blekktinden

Wer über entsprechende Erfahrung verfügt und noch Zeit hat, dem können wir die Überschreitung des Blekktinden empfehlen. Dabei handelt es sich um eine schwere Tour. Es gibt zwar keine besonders technisch schwierigen Stellen, allerdings benötigen Sie gutes Orientierungsvermögen und entsprechende Erfahrung. Teilweise führt der Steig durch steiles Gelände und zudem gibt es immer mal wieder Schwierigkeiten bei der Wegfindung.

Keinesfalls bei Nässe begehen!

Sie wandern zurück in den Sattel vor der Hestræva. Hier gehen Sie nun geradeaus weiter auf den Grat. Dort treffen Sie auf einen gut sichtbaren Steig, der über den Grat auf ein kleines Hochplateau führt. Vor Ihnen türmt sich ein eindrucksvoller Felszacken auf. Daher gehen Sie nun nach links in die Flanke. Der gut sichtbare Steig quert die steilen Grashänge oberhalb des Tales. Zwischendurch wird der Steig undeutlicher und führt dann ziemlich weit oben in den Sattel vor dem Blekktinden.

Ohne Probleme gehen Sie hinüber zum Gratansatz. Sie umgehen den ersten Aufschwung auf Steigspuren auf der linken Seite, müssen dann aber wieder hoch zum Grat. Dort wird der Steig wieder deutlicher und führt an

Ganz schön neugierig

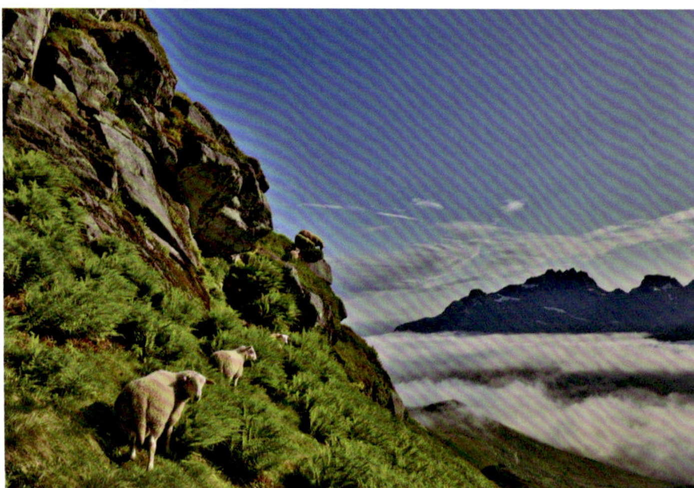

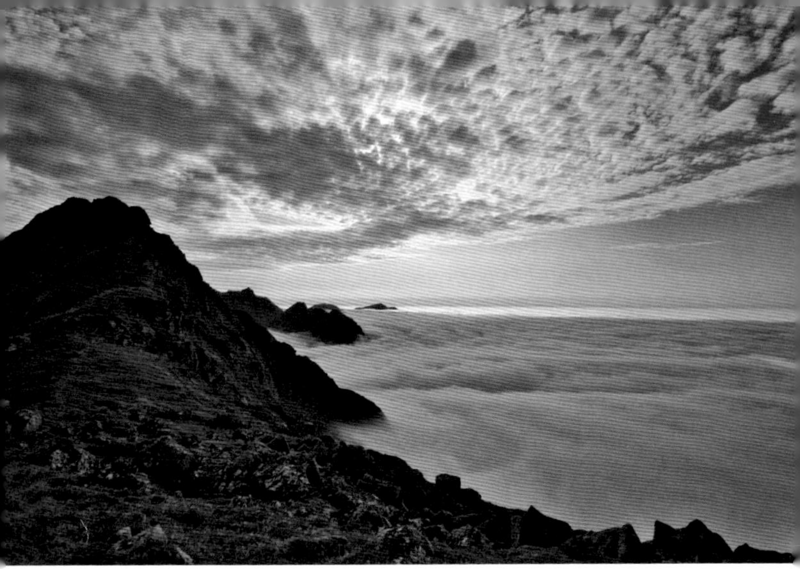

Grandiose Stimmung – Am Grat zum Blekktinden

den steilen Schlussaufschwung. Diesen umgehen Sie nun auf einem guten Steig auf der rechten Seite. Sie erreichen einen Sattel rechts des Gipfels. Nun sind es nur noch wenige Meter nach links zum Gipfelsteinmann auf dem Blekktinden. Sie genießen die verdiente Pause und die Aussicht auf das Meer sowie die umliegenden Berge mit dem majestätischen Hustinden.

Für den Abstieg gehen Sie wieder zurück in die Scharte. Der Weg nimmt Sie mit nach links abwärts und quert dann hinüber in eine weitere Scharte. Nun geht es im Wesentlichen immer über den hier ansetzenden Hang bergab. Der Steig ist meistens gut zu sehen, verliert sich aber auch immer wieder. Dann folgen Sie einfach der logischsten Linie (und dem GPS-Track).

Einige Felsabbrüche werden dabei geschickt umgangen. Das Gelände ist steil und bringt Sie schnell nach unten. Nach der Durchquerung eines Birkenwäldchens folgen noch ein paar Steinplatten und wenig später erreichen Sie ein kleines Wäldchen. Der Steig bringt Sie hinunter zum Bach und dann auf dem bekannten Weg zurück zum Ausgangspunkt.

Die gesamte Tour hat eine Länge von 6,7 km und es sind im An- und Abstieg 661 Höhenmetern zu überwinden.

26 Zum Volandstinden und Nesfjellet

Tour für Sammler von Gipfelfreuden

Der Volandstinden erhebt sich als spitzer Zahn über der Brücke von Fredvang. Der Aufstieg von der Westseite ist überraschend einfach, sodass der Gipfel einfach zu besteigen ist. Auch der Übergang zum Nesfjellet ist relativ einfach. Nur fehlt hier der deutliche Steig, wie man ihm am nördlichen Nachbarn findet.

Start/Ziel: Parkplatz südlich der Brücke nach Fredvang, GPS N 68°03.848' E 013°11.650'

8 km

4 Std.

573 m/573 m

13-425 m

keine Markierungen, Weg zum Volandstinden einfach zu finden, Weg zum Nesfjellet teilweise weglos

Gute und einfache Wege zum Volandstinden. Lediglich ein Geröllfeld mit großen Blöcken muss überwunden werden. Der Gipfelanstieg zum Nesfjellet ist weglos. Gute Sicht und Orientierungssinn sind erforderlich.

keine Einkehrmöglichkeiten unterwegs, stattdessen Einkehr in Fredvang im Kvalvikafe (ca. 700 m entfernt), ☞ siehe Tour 27

keine Rastplätze, aber schöne Sitzmöglichkeiten an beiden Gipfeln (km 2 und 5)

Die Tour zum Volandstinden kann mit Kindern gut unternommen werden. Wenn man nicht bis zum Gipfel möchte, kann man auch nur bis zum See gehen. Wasser ist für Kinder immer spannend.

Die Tour ist für Hunde gut geeignet.

Parken an der E10, ca. 1 km nach der Brücke nach Fredvang, in einer Parkbucht auf der rechten Seite.

Der Ausgangspunkt ist mit dem Bus nicht erreichbar.

Sie gehen auf der Straße ein paar Meter zurück und sehen einen Pfad, der nach rechts durch ein Tälchen aufwärtszieht. Der Steig führt bald durch ein kleines Birkenwäldchen und vereint sich mit einem Pfad, der von links

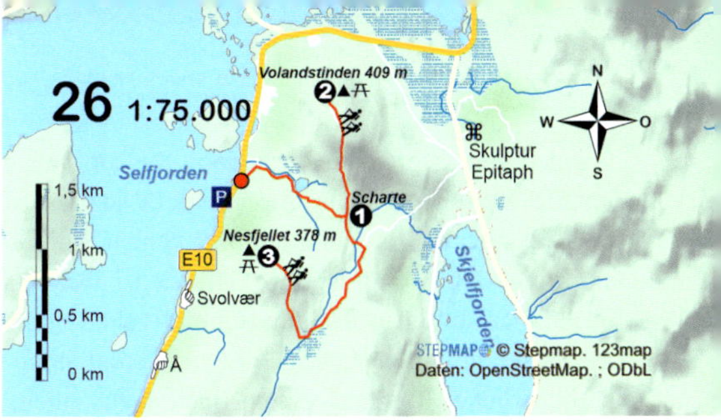

heraufkommt. Sie wandern nun ziemlich direkt geradeaus bergauf und bleiben dabei immer rechts eines Wasserlaufes.

Dort, wo das Gelände abflacht, kommen Sie an einen schönen See, an dem Sie auf der rechten Seite vorbeigehen. Der Steig bringt Sie gemütlich in die weite Scharte zwischen Volandstinden und Nesfjellet ❶.

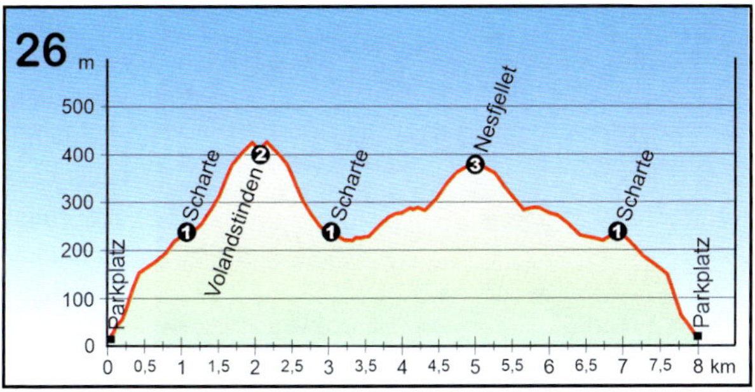

Hier wenden Sie sich nach links und folgen dem guten Steig bergauf in Richtung Volandstinden. Zwischendurch müssen Sie einmal grobes Blockgelände überwinden. Anschließend gehen Sie wieder bequem weiter hinauf, bis Sie am Steinmann auf dem ersten Gipfel stehen. Der Übergang zum **zweiten Gipfel des Volandstinden ❷**, der auch mit einem Steinmann geschmückt ist, ist ebenfalls noch relativ einfach. Sie genießen von hier oben einen großartigen Rundumblick auf die Fjordlandschaft der südlichen Lofoten.

↳ Sie können noch auf einen Vorgipfel weitergehen, der etwas nach Norden vorgeschoben ist. Der Übergang erfordert allerdings Trittsicherheit und Schwindelfreiheit.

Nach der Gipfelpause wandern Sie am bekannten Weg zurück zur Scharte zwischen beiden Gipfeln. Jetzt statten Sie noch dem Nesfjellet einen Besuch ab. Es gibt allerdings keinen Steig hinauf, sodass guter Orientierungssinn gefragt ist. Das Gelände ist aber relativ einfach zu begehen. Sie können direkt in Richtung Gipfel gehen und sich den Weg zwischen den Felsen hindurch suchen. Einfacher empfanden wir es, zuerst ein Stück in südöstlicher Richtung einem Bach abzusteigen. Diesen überqueren Sie und gehen weiter zu einem großen Steinmann. Sie bleiben noch kurz auf dem Weg, bis kleine Stecken nach rechts aufwärts zeigen. Sie gehen bergauf und treffen auf einen schwach ausgeprägten Steig. Diesem folgen Sie nun unterhalb der Stromleitung aufwärts bis zu einem zugewachsenen See. Der Steig führt noch ein Stück nach halb rechts aufwärts und wird ein kurzes Stück ziemlich breit – dann endet er. Sie gehen in der eingeschlagenen Richtung weiter und kommen zu einem weiteren See. Gehen Sie an diesem links vorbei und steigen Sie an seinem Ende nach rechts weglos auf die Gipfelabdachung des Nesfjellet.

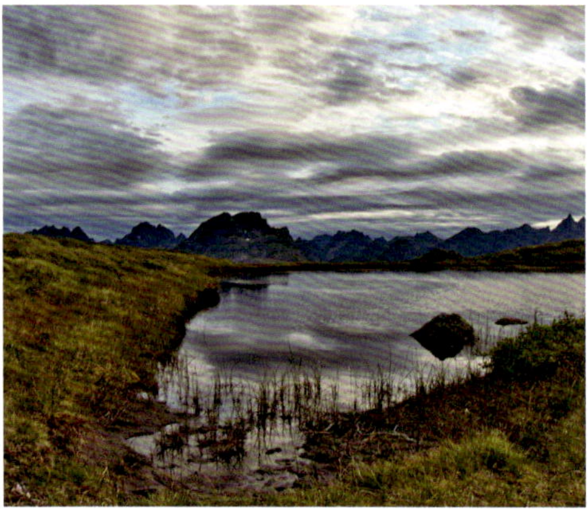

Nette Seeaugen am Weg zum Nesfjellet

Über diese gehen Sie ohne besondere Probleme bergauf in Richtung Gipfel. Kurz vor dem Gipfel queren Sie von der rechten Seite nach links und steigen über einfache Felsen hinauf zum **Gipfel des Nesfjellet ❸**. Auch hier oben ist die Aussicht auf die traumhafte Landschaft der Lofoten großartig.

Sie wandern am Anstiegsweg zurück in den Sattel unterhalb des Volandstinden und gehen nach links zum See und zum Parkplatz an der Straße zurück.

Die Insel Moskenesøya

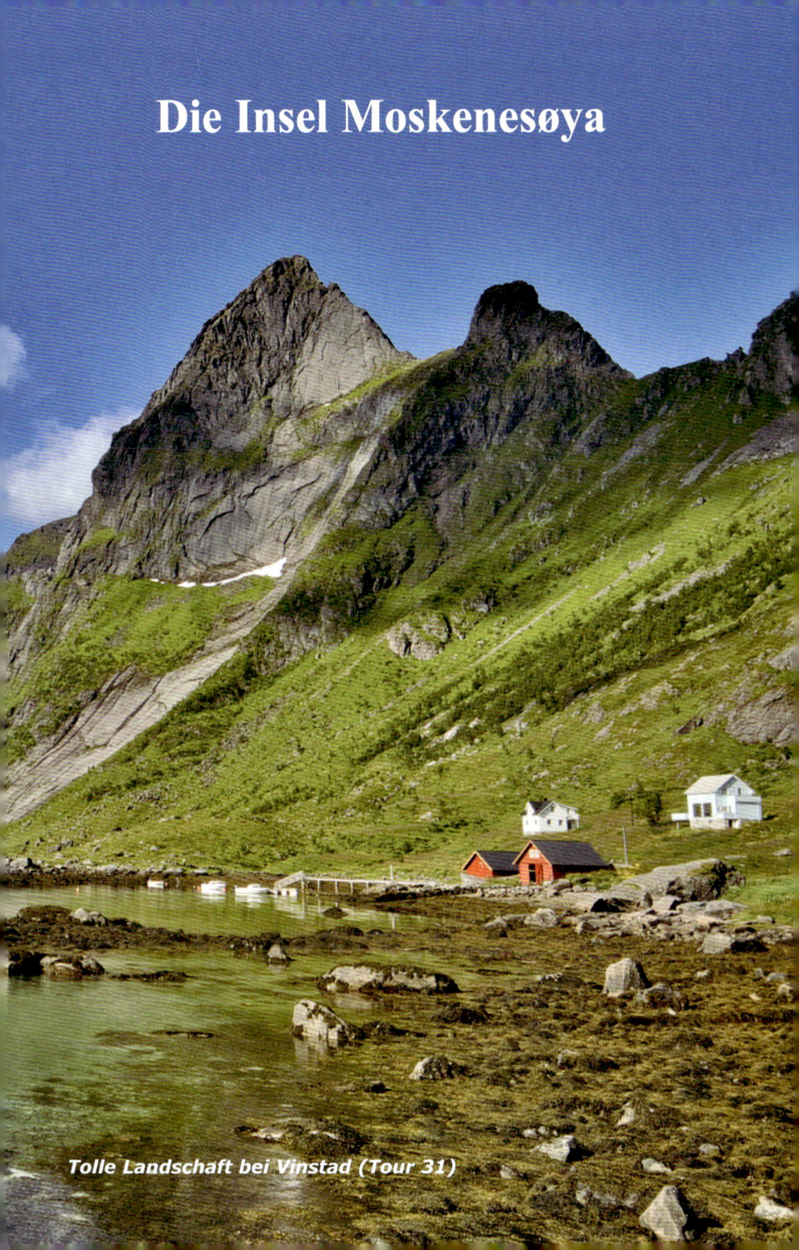

Tolle Landschaft bei Vinstad (Tour 31)

27 Über den Røren zur Stokkvika

Tour für Liebhaber einsamer Buchten

Der Kamm des Røren erhebt sich oberhalb von Yttersanden und bietet einen großartigen Ausblick auf die Küste. Die Tour führt anschließend hinunter in die traumhafte Bucht Stokkvika, die einsam an der Nordküste von Moskenesøya liegt. Die Tour ist relativ kurz und bietet sich wunderbar für einen halben Tag an.

- Start/Ziel: Parkplatz in Yttersanden, GPS N 68°05.944' E 013°08.084'
- 6,5 km
- 3 Std. 45 Min.
- 518 m/518 m
- 9-271 m
- keine Markierungen, aber gut zu finden
- guter Wanderweg bis zum Litlberget, Abstieg in die Bucht auf teilweise schmalem, steinigem Steig. Die Gipfelrunde ist leicht, der Abstieg in die Bucht mittelschwer.
- keine Einkehrmöglichkeiten unterwegs, stattdessen Einkehr im Kvalvikafe bei Fredvang (ca. 2 km entfernt)
- keine Rastplätze, aber schöne Sitzmöglichkeiten an den Gipfeln (km 1,5 und 2,5) und in der Bucht (km 3,9)
- Die Tour kann mit Kindern ab 8 Jahren unternommen werden. Der Abstieg in die Bucht ist steiler, hier ist etwas Vorsicht erforderlich. In der Bucht kann man schön spielen.
- Die Tour ist für Hunde gut geeignet. Aufgrund der Schafe sind sie anzuleinen.
- Sie parken am Ende der Straße von Yttersanden.
- Der Ausgangspunkt ist mit dem Bus nicht erreichbar.

Am Parkplatz in Yttersanden ganz am Ende der Straße im Norden der Insel Moskenesøya startet Ihre gemütliche Runde. Ganz zu Beginn kraxeln Sie hier über einen Überstieg über ein Weidegatter. Gleich danach zweigt der Steig nach links ab und führt schräg den Hang bergauf zu einem kleinen Sattel. Hier wenden Sie sich nach rechts und steigen in vielen Kehren hinauf zu einem Rücken. Nun wandern Sie auf diesem bis zum höchsten

Punkt auf dem **Røren ❶**. Sie genießen einen schaurig-schönen Tiefblick auf den Strand von Yttersanden und hinüber zu den eindrucksvollen Felsgipfeln bei Vikten auf der Insel Flakstadøya.

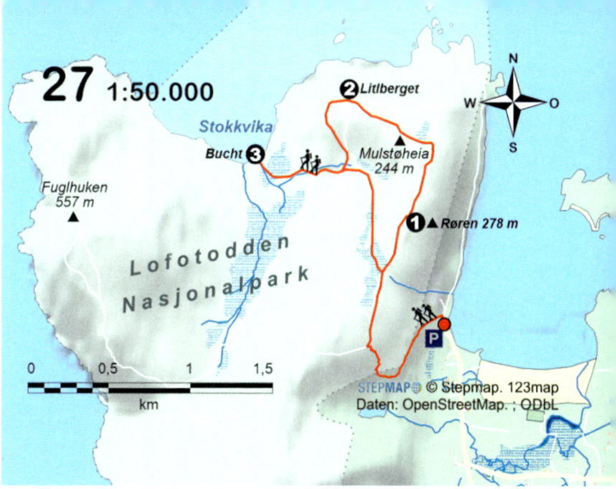

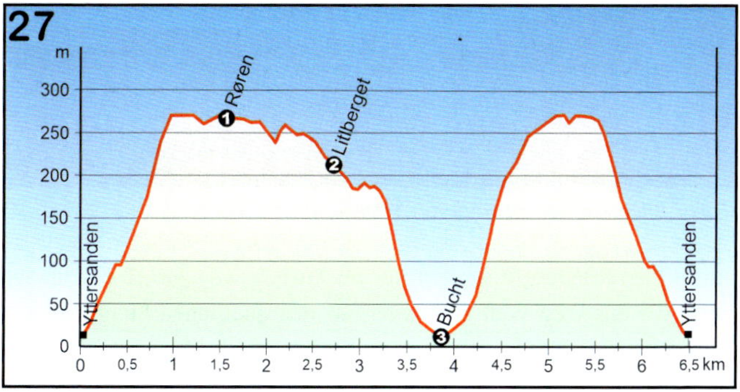

Am Kammweg spazieren Sie mit wunderbarem Fernblick in eine Senke und wenden sich nach links zum **Litlberget ❷**, einem herrlichen Aussichtspunkt auf das Meer, die Felsküste und die unterhalb liegende Bucht Stokkvika. Sie gehen über den Gipfel hinweg und folgen dem nun undeutlicheren Steig oberhalb der Bucht, bis Sie auf einen weiteren Steig treffen. Hier biegen Sie nach rechts ab und steigen über viele Stufen den Hang hinunter in Richtung **Bucht**. Unten angekommen sehen Sie Steigspuren, auf denen Sie bis zur Bucht wandern ❸. Die Bucht Stokkvika ist gerade am Abend sehr einsam. Der Strand hat leider viele Steine, ist aber trotzdem zu dieser Zeit wunderschön romantisch im etwas gelblichen Licht der Abendsonne.

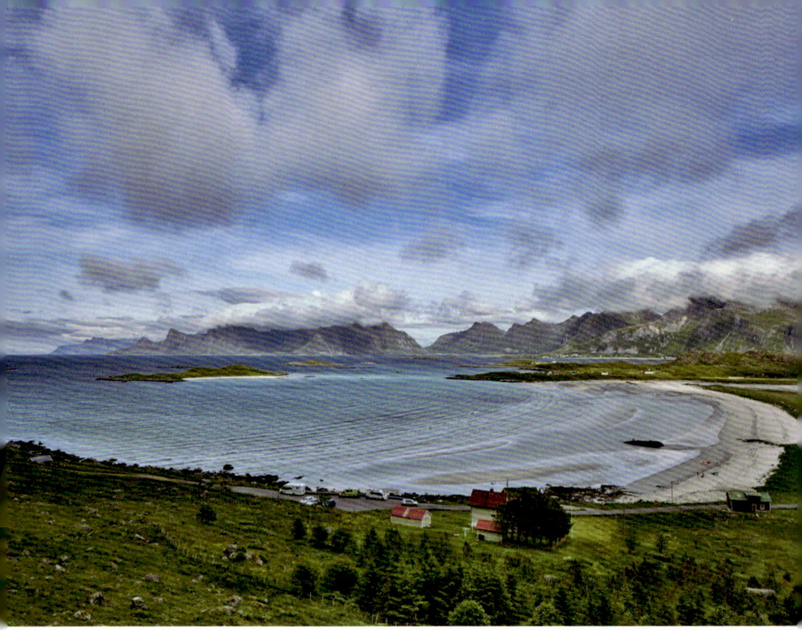

Toller Blick auf den Strand von Yttresand

Für den Rückweg wandern Sie am Anstiegsweg zurück bis zur Wegteilung, wo der Weg vom Litlberget auf den deutlichen Steig gestoßen ist. Nun gehen Sie geradeaus weiter und steigen durch die Senke hinauf in die Einsattelung südlich des Røren. Bald schon stehen Sie wieder am Grat und wandern auf dem Anstiegsweg zurück zum Parkplatz bei Yttersanden.

Kvalvikafe bei Fredvang

In diesem gelb angestrichenen Gebäude können Sie in einem netten Café einkehren und wirklich leckeren Kuchen essen. Bei unserer Recherche war dieses Café ein kleiner Geheimtipp.

♦ Kvalvikafe, Strandveien 20, 8387 Fredvang, ☏ +47/41 27 77 97, Zeiten erfragen

28 Zum Ryten und in die Kvalvika

Tour für Liebhaber spektakulärer Gipfelsicht mit herrlichem Strand

Die Kvalvikabucht gehört wohl zu den beliebtesten Wanderzielen auf den Lofoten. Die Bucht ist auch wirklich traumhaft schön. Es gibt einen direkten Weg dorthin. Wir möchten hier aber zuerst den Weg auf den Ryten, einen herrlichen Aussichtsgipfel, vorstellen. Dann geht es hinunter in die Bucht und auf direktem Weg zurück zum Parkplatz.

Start/Ziel: Parkplatz in der Siedlung Bergland, GPS N 68°04.468' E 013°08.202'

10,8 km

6 Std.

881 m/881 m

7-517 m

Der Hauptweg auf den Ryten und in die Bucht ist rot markiert. Nur der erste Anstieg bis zu den beiden Seen ist unmarkiert.

guter Steig, teilweise etwas sumpfig, dann mit Stegen besser gangbar gemacht, Aufstieg zum Pass Skoren teilweise steil

Keine Einkehrmöglichkeiten unterwegs, stattdessen Einkehr im Kvalvikafe in Fredvang (gut 2 km entfernt), siehe Tour 27.

keine Rastplätze, aber schöne Sitzmöglichkeiten an den Seen (km 0,8), am Ryten (km 3,5) und in der Bucht (km 8), ebenso am Pass Skoren (km 8,7)

In der Bucht Kvalvika kann man bei warmem Wetter baden (km 8).

Die Tour kann mit Kindern gut unternommen werden. Man kann auch den Ryten auslassen, um die Tour abzukürzen. In der Bucht können Kinder schön spielen. Das Laufen über die Stege auf der Wanderung macht Spaß.

Die Tour ist für Hunde gut geeignet, sie sind allerdings an die Leine zu nehmen.

Sie fahren von Fredvang in Richtung Selfjord bis zur kleinen Siedlung Bergland. Hier befinden sich auf der Meerseite eine kleine Parkbucht und ein Schild mit der Aufschrift „Ryten“. Häufig sind die Parkplätze voll, dann können Sie 1 km weiter der Straße folgend auf einem Parkplatz parken.

Der Ausgangspunkt ist mit dem Bus nicht erreichbar.

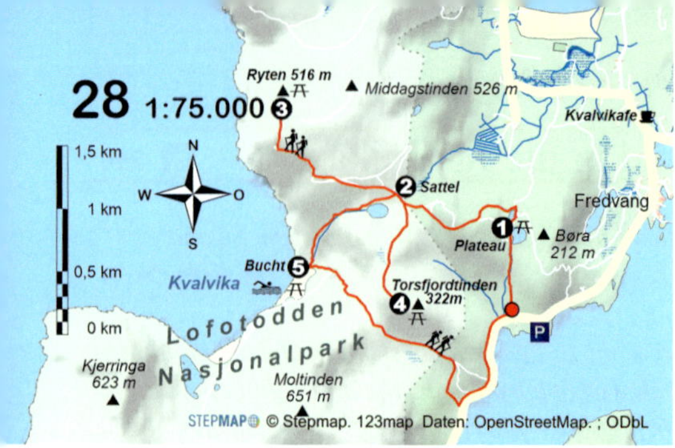

Sie spazieren auf der Straße, die Sie hierher gefahren sind, ein Stück zurück in Richtung Fredvang, bis vor einem Waldstück ein Steig nach links über die Wiese hinaufführt. Sie gehen durch einen Schafzaun und wandern über die freien und lieblichen Hänge bergauf.

Sie erreichen ein **Plateau ❶** mit zwei hübschen Seen. Der Steig führt zwischen den beiden Seen hindurch. Am Ende des zweiten Sees erreichen Sie einen Pfad, der von Fredvang heraufkommt. Dieser ist rot markiert. Sie wenden sich nach links und folgen dem Steig steil bergauf. Zwei bei Nässe etwas rutschige Felsrinnen sind mit Ketten abgesichert und so steigen Sie problemlos hinauf. Der Steig zieht um einen Rücken herum zu einem Wegweiser.

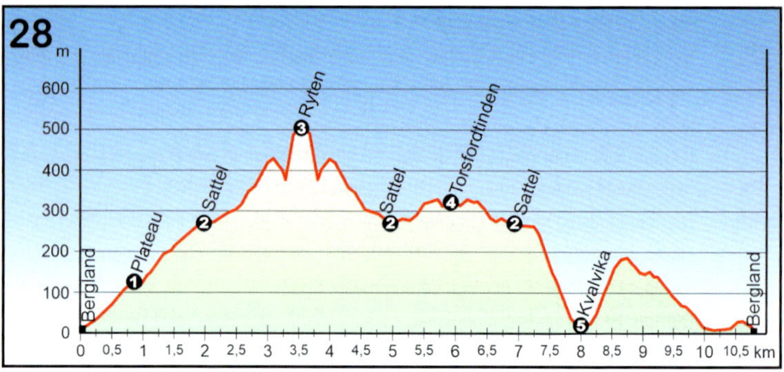

Hier setzt ein Pfad an, der nach rechts zu einer kleinen, unbewirtschafteten Hütte führt. Ihr Weg zum Ryten dagegen nimmt Sie nun geradeaus weiter mit. Besonders sumpfige Stellen sind mit Stegen ausgelegt. Sie erreichen einen weiten **Sattel ❷** oberhalb eines kleinen Sees. Hier zweigt

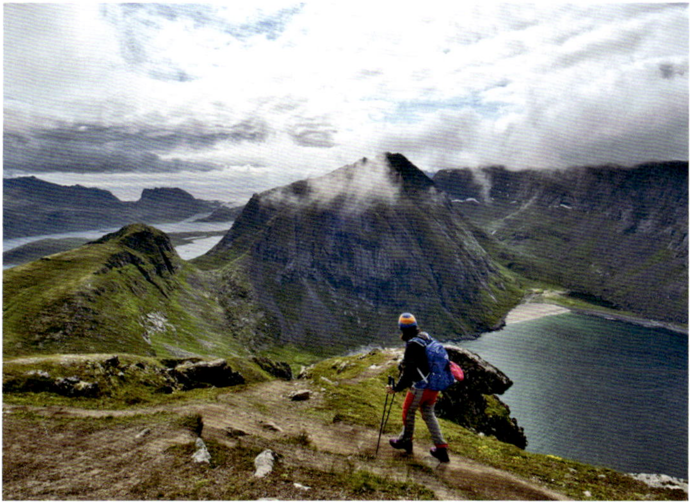

Am Ryten oberhalb der Kvalvika

der Steig zum Ryten nach rechts ab. Sie steigen nun deutlich anstrengender als bisher bergauf und queren dann nach links. Sie können hier oben einen traumhaften Tiefblick auf die Bucht Kvalvika bewundern. Der Steig schlängelt sich weiter in vielen Kehren hinauf zu einer Ansammlung von Felsblöcken. Der Blick hinunter in die Bucht ist wunderschön. Der höchste Punkt ist aber noch nicht erreicht. Auf nun nicht mehr so deutlichen Steigspuren geht es hinauf zum Gipfelsteinmann auf dem **Ryten ❸**.

Nach der Gipfelpause wandern Sie wieder zurück in den **Sattel ❷**. Nun könnten Sie direkt in die Kvalvikabucht absteigen oder, wie hier vorgeschlagen, noch dem Torsfjordtinden einen Besuch abstatten. Für den Torsfjordtinden gehen Sie vom Sattel noch ein Stück am Hinweg zurück, um dann weglos nach rechts abzubiegen. Sie gehen bergauf, bis Sie auf einen schmalen Steig treffen. Auf diesem wandern Sie nach rechts in eine kleine Senke. Von hier gehen Sie hinauf zum höchsten Punkt des **Torsfordtinden ❹** und dem etwas tiefer liegenden Gipfelsteinmann. Hier genießen Sie eine schöne Aussicht auf die umliegende Landschaft. Es ist empfehlenswert, am Anstiegsweg zurück in den Sattel zu gehen. Sie könnten auch geradeaus hinunter zum Weg in die Kvalvikabucht gehen, aber oberhalb des Sees sind die Hänge doch ziemlich steil, weshalb wir davon eigentlich abraten.

Vom Sattel folgen Sie nun den langen „Steg-Reihen“ durch das sumpfige Gelände und behalten so im Wesentlichen trockene Schuhe. Dann wird der Weg steiler und bringt Sie entlang eines Baches hinunter in die Bucht **Kvalvika ❺** mit ihrem herrlichen Sandstrand. An heißen Tagen können Sie sich sogar in das kühle Nordmeer trauen. Hier legen Sie erst einmal eine Pause ein und genießen die herrliche Szenerie und das Meer.

Irgendwann machen Sie sich dann an den Rückweg. Nun heißt es wieder aufsteigen, jetzt den Hang hinauf in östlicher Richtung zum Passeinschnitt Skoren. Der Weg führt teilweise über Felsplatten, ist aber immer gut zu begehen, wenn auch teilweise etwas steil. Oben angekommen gönnen Sie sich erst einmal eine kleine Rast und genießen die Aussicht. Nun beginnt der gemütliche Abstiegsweg durch das liebliche Tal. Auch hier sind besonders sumpfige Stellen wieder mit Holzstegen ausgelegt. Ohne besondere Probleme erreichen Sie einen Parkplatz an der Straße zwischen Fredvang und Selfjord. Nun spazieren Sie auf der Straße 1 km nach links bis zum Ausgangspunkt.

Entlang des Fjords wandern Sie zurück zum Parkplatz

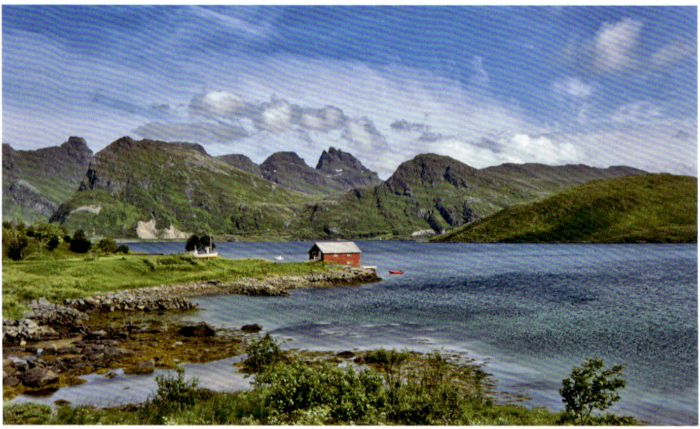

29 Von Selfjord auf den Markan

Tour für Liebhaber von Fjorden

Der Markan ist ein zentraler Gipfel zwischen dem Reinefjorden und dem Selfjorden. Der Weg von Selfjord bis zum Pass ist landschaftlich großartig und gut markiert. Allerdings wandern Sie am Steig durch teilweise feuchtes Gelände und balancieren über grobes Blockwerk. Somit benötigen Sie etwas Durchhaltevermögen. Belohnt werden Sie dann mit einer wirklich großartigen Bergtour und einem sensationellen Blick in die Fjorde.

- Start/Ziel: Parkplatz im kleinen Örtchen Selfjord am Ende der Schotterstraße, GPS N 68°02.194' E 013°04.941'
- 10,2 km
- 5 Std.
- 560 m/560 m
- 3-544 m
- bis zum Pass rot markiert, danach gute Steigspuren
- lange Tour, durch teilweise anstrengendes Blockgelände, gute Kondition erforderlich, technisch nicht anspruchsvoll
- keine Einkehrmöglichkeiten unterwegs, stattdessen Einkehr im Kvalvikafe in Fredvang (ca. 10 km entfernt), ☞ siehe Tour 27
- keine Rastplätze, aber schöne Sitzmöglichkeiten an den Seen (km 3,2 und 7), am Pass (km 4,5 und 5,7) und auf dem Gipfel (km 5,1)
- Die Tour bis zum Gipfel empfiehlt sich nicht mit Kindern, da sie sehr lang und anstrengend ist. Bis zu den beiden Seen können Sie mit Kindern aber gehen. Das Turnen über die Blöcke macht Kindern Spaß.
- Die Tour kann mit größeren Hunden unternommen werden.
- Anfahrt von Fredvang bis Selfjord. Parken Sie am Ende der für den öffentlichen Verkehr freigegebenen Schotterstraße.
- Der Ausgangspunkt ist mit dem Bus nicht erreichbar.

Vom Parkplatz aus wandern Sie die Schotterstraße entlang an ein paar Hütten vorbei. Hier haben Sie einen ersten schönen Blick auf den Selfjorden. Bei der letzten Hütte beginnt ein Steig, der Sie durch ein kleines

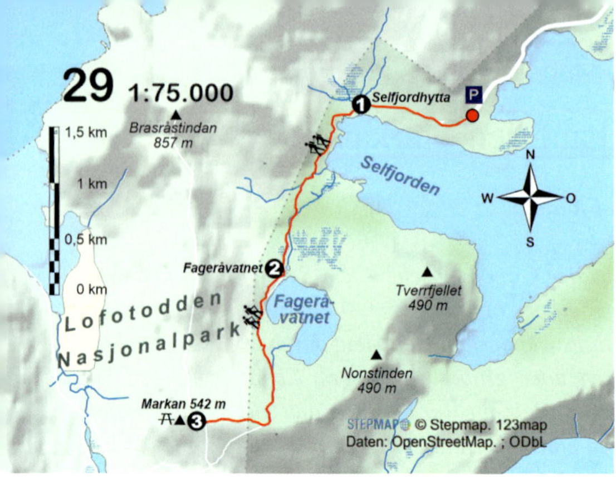

Waldstück bringt. Anschließend betreten Sie die feuchten Wiesen oberhalb des Fjords. Leider bleiben Ihre Schuhe sicher nicht trocken, denn über diese Wiesen wandern Sie nun bis zum Wäldchen bei der **Selfjordhytta ❶**. Immer wieder bewundern Sie den malerisch gelegenen Selfjorden mit dem darüber aufragenden Tverrfjellet. Am Steig gehen Sie dann durch recht feuchtes Gelände und über viele Blöcke entlang des Fjords. Nach dem Abschnitt am Fjord kommt ein erster Aufschwung, den Sie durch ein lichtes Wäldchen bis zu einem kleinen See hinaufwandern.

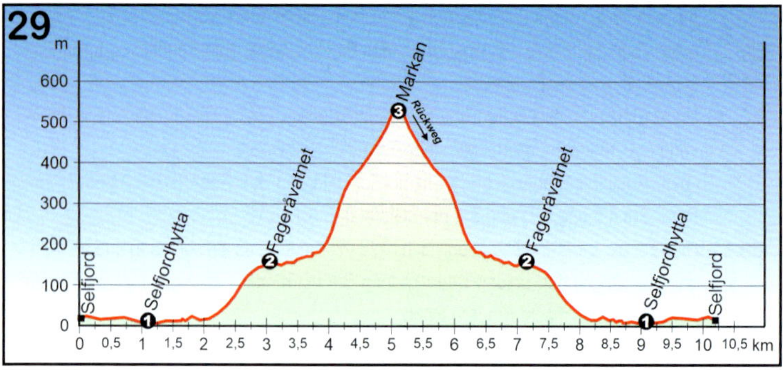

Direkt an diesem See teilt sich der Steig. Beide Wege ziehen hinauf zum See **Fageråvatnet ❷**. Am linken Weg kraxeln Sie am See allerdings durch übles Blockwerk, sodass Sie besser den rechten Weg nehmen. Auf diesem wandern Sie oberhalb des Sees entlang. Am Ende des Sees gelangen Sie zwar auch wieder in Blockgelände, das Sie durchqueren müssen, aber das ist ein deutlich kürzerer Abschnitt.

Nun beginnt der steile Anstieg von 250 Höhenmetern hinauf in den Pass. Dieser Anstieg ist gut zu finden, aber doch recht anstrengend. Oben am Pass angekommen heißt es aufpassen: Gleich nach dem Pass verlassen Sie den rot markierten Steig, der verführerisch in Richtung Kjerkfjorden hinüberzieht.

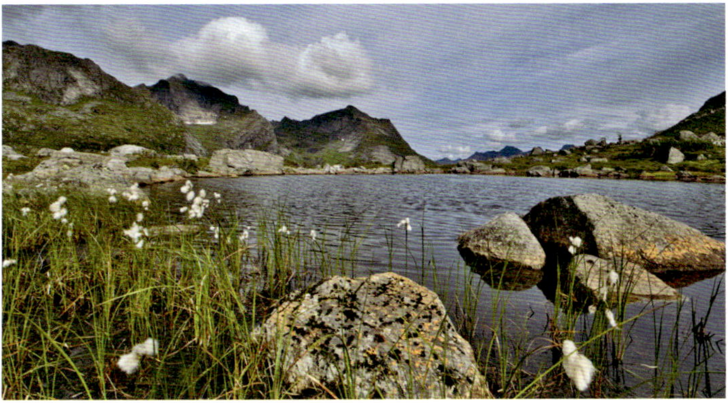

Immer wieder kommen Sie an Seen vorbei

Sie steigen von hier nach rechts hinauf in Richtung Markan. Am Anfang ist das Steiglein kaum zu sehen, wird aber bald deutlicher. Ohne besondere Probleme spazieren Sie über den breiten Grat bergauf.

Bei einem Vorgipfel wird das Gelände felsiger und Sie müssen etwas aufmerksamer auf die Steigspuren achten. Schwierig ist es aber auch hier nicht. Sie folgen den deutlichen Steigspuren hinauf zum Gipfelplateau des **Markan ❸** mit seinem Steinmann. Hier oben genießen Sie eine grandiose Aussicht auf die umliegenden Berggipfel und hinunter in die Fjorde. Es ist beeindruckend, wie weit der Blick nach Norden reicht. Aber auch die nahen Berge mit ihren wilden Formationen sind sehr großartig. Dazu ist es hier am Gipfel häufig recht einsam.

Ist es einigermaßen warm und sonnig, können Sie es hier auch länger aushalten. Besonders wenn die Tage im Sommer lang sind.

Schließlich wartet dann doch der Abstieg auf Sie. Auf dem bekannten Weg wandern Sie zurück zum Schotterparkplatz am Selfjorden.

30 Auf den mächtigen Narvtinden

Tour für Liebhaber einer majestätischen Aussicht

Der Narvtinden ist ein mächtiger Felsklotz. Schon von Weitem fällt er auf. Seine Besteigung ist eine großartige Bergtour durch eine abwechslungsreiche und traumhaft schöne Landschaft. Die Tour erfordert Trittsicherheit und Kondition. Dafür werden Sie mit einem wirklich grandiosen Gipfelpanorama verwöhnt.

- Start/Ziel: Parkplatz in Mølnarodden, GPS N 68°00.596' E 013°09.956'
- 6,3 km
- 5 Std.
- 798 m/798 m
- 16-627 m
- Der Weg ist nicht markiert, es gibt lediglich ein paar Steinmännchen. Der Weg ist aber immer gut zu sehen.
- Der Anstieg zum ersten Gipfel ist mittelschwer, aber steil und es ist bereits Trittsicherheit erforderlich. Der Übergang zum zweiten Gipfel ist ausgesetzt und erfordert Trittsicherheit und Schwindelfreiheit. Die Wanderung nicht bei Nässe und nur bei guter Sicht machen.
- keine Einkehrmöglichkeiten unterwegs, stattdessen Einkehr in Sakrisøy, ca. 10 km entfernt in Richtung Reine/Å
- keine Rastplätze, aber schöne Sitzmöglichkeiten am ersten Absatz (km 0,6 und 5,8) und auf den beiden Gipfeln (km 3,2)
- Die Tour als Ganzes ist für Kinder nicht geeignet. Bis zur ersten Anhöhe kann man aber gut mit Kindern wandern.
- Die Tour ist für Hunde nicht geeignet.
- Sie parken in Mølnarodden direkt hinter einem roten Haus auf einem Schotterparkplatz.
- Die Buslinie 18-742 fährt mehrmals täglich von Leknes nach Å mit Haltestelle in Mølnarodden, ca. 300 m südlich vom Parkplatz an der E10.

Am Parkplatz beginnt eine breite Schotterstraße, die mit einer Schranke abgesperrt ist. Sie wandern auf dieser kurz aufwärts, bis ein flacher

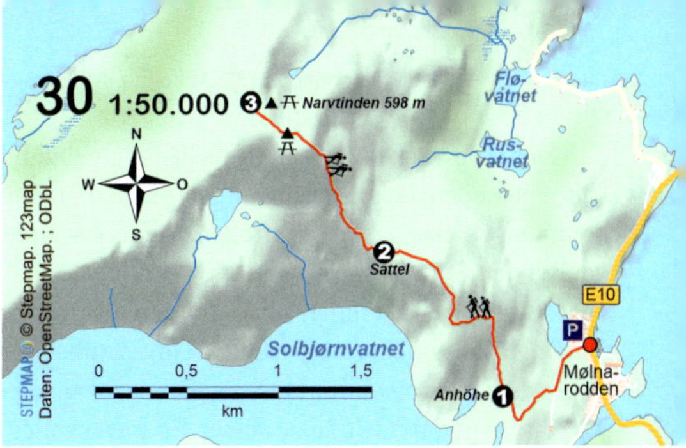

Steinblock links über dem Bach liegt. Hier zweigen Sie von der Schotterstraße ab und gehen über den Steinblock. Der hier ansetzende Steig nimmt Sie mit durch freies Gelände, auf dem nur einzelne Bäume stehen, aufwärts bis zu einer Felswand. Hier können Sie mit etwas Glück Birkhühner beobachten.

Der Steig biegt kurz nach rechts und zieht dann gleich wieder nach links in die Höhe. Rechts eines namenlosen Sees erreichen Sie eine **Anhöhe ❶**. Beeindruckend ist der Blick zum großen See Solbjørnvatnet hinunter.

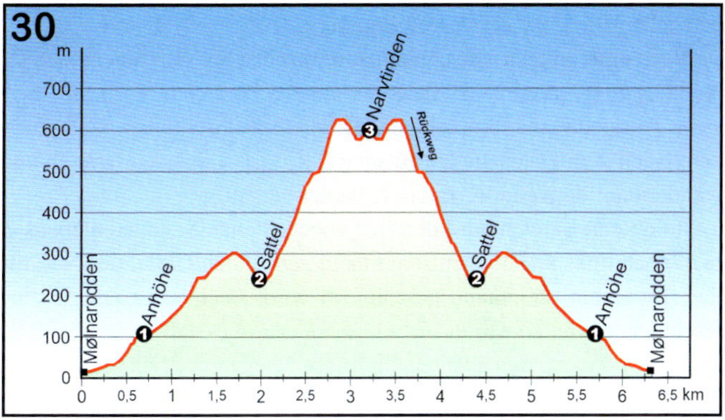

Hier wenden Sie sich nach rechts und folgen den Steinmännchen über sanft ansteigende Felsplatten aufwärts. Über grasiges Gelände wandern Sie links von einem Felskopf bergauf. Am Ende des Felsens drehen Sie nach links ab und steigen nun steil und anstrengend bergauf. Der Steig führt über erdiges Gelände und auch ein paar steilere Felsplatten stellen sich in den Weg. Die Platten sollten trocken sein, dann haben Sie auf ihnen einen guten Grip. Mit etwas Mut meistern Sie jedes dieser kleinen Problemchen.

Der Weg biegt wieder nach rechtsherum und führt hinauf zu einer etwas abdrängenden Felsstufe, einer nun echten Herausforderung. Nach Überwindung dieser ersten kniffligen Stelle erwartet Sie ein schmaler Riss, durch den Sie über gute Felsstufen hochklettern. Nach dieser Passage gönnen Sie sich erst einmal eine kleine Pause zum Durchatmen und werfen einen Blick hinüber zum steilen Gipfelaufbau des Narvtinden. Unglaublich, dass dort hinauf ein gut gangbarer Steig führt.

Ihr Steig quert bald unter einer eindrucksvollen Felswand nach links auf ein sanft ansteigendes Plateau. Hier heißt es aufpassen! Steinmännchen leiten scheinbar nach rechts aufwärts. Der Steig zum Gipfel zieht aber nach links leicht abfallend. Zuerst ist er noch etwas undeutlich, wird aber bald deutlicher. Sie müssen nun in den **Sattel ❷** vor dem Narvtinden absteigen. Dabei umgehen Sie den aus Felsblöcken bestehenden Gipfel des Tekoppstetten auf der linken Seite. Der Abstieg ist nicht schwierig, erfordert an einer Stelle allerdings etwas Geschicklichkeit. Im Sattel genießen Sie einen herrlichen Blick zur Küste von Ramberg.

Nach einer kurzen Verschnaufpause machen Sie sich nun an den steilen Aufstieg zum Narvtinden. Gleich im unteren Bereich müssen Sie über eine steile Felsstelle hinaufkraxeln, die Sie besser auf der linken Seite überwinden. Nach dem ersten steilen Anstieg flacht das Gelände etwas ab und Sie wandern auf dem deutlichen Steig weiter bergauf.

Im oberen Bereich wird der Weg wieder steiler. Sie queren etwas exponiert nach links und steigen steil hinauf zum ersten Gipfel des Narvtinden, der von einem Steinmann geschmückt wird. Auch wenn der Anstieg bis hierhin steil war, so war er nicht besonders ausgesetzt.

Der Übergang zum zweiten Gipfel ist dagegen deutlich schwieriger. Sie folgen Steigspuren bis zu einer waagerechten Felsplatte. Hier sehen Sie nach rechts deutliche Trittspuren, die durch die steile, moosbewachsene Nordseite abwärts in eine Senke führen. Der Abstieg erfordert besondere Vorsicht. Vom Sattel gehen Sie auf Steigspuren hinauf zum Gipfelgrat. Das Gelände ist kurzzeitig ziemlich breit. Der Grat verengt sich bald aber schon wieder und eine Felsstufe erfordert noch einmal etwas Kraxelei. Sie gehen am Grat bis zu den Felsblöcken des Gipfels. Die Spuren leiten Sie kurz auf die rechte Seite, bevor Sie dann über leichte Blöcke hinauf zum Gipfel des **Narvtinden ❸** steigen.

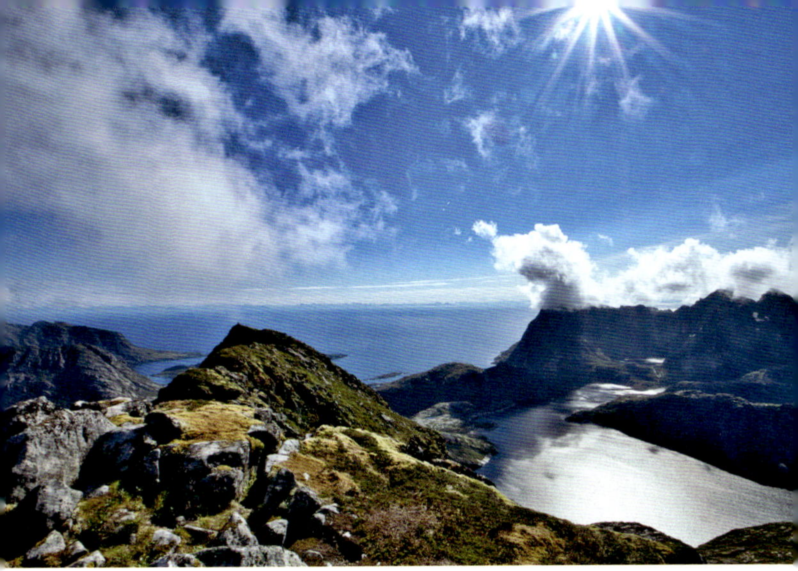

Tolles Panorama vom Narvtinden

Der Gipfel ist überraschend geräumig und bietet sich für eine ausgiebige Rast regelrecht an. Die Aussicht ist umfassender als vom ersten Gipfel. Besonders beeindruckend ist der Blick hinunter zum Selfjorden.

Nach der Gipfelpause klettern Sie vorsichtig zurück zum ersten Gipfel und steigen auf dem Anstiegsweg hinunter in die Senke zwischen Narvtinden und Tekoppstetten. Nach dem kurzen Gegenanstieg wandern Sie weiter auf bekannten Weg zurück zum Parkplatz in Mølnarodden.

✕ Einkehr in Sakrisøy

Auf diesem wirklich kleinen Inselchen kurz vor Reine gibt es sogar zwei tolle Einkehrmöglichkeiten. Beide sind wirklich zu empfehlen. An Anitas Sjømat fahren Sie auf dem Weg nach Reine direkt vorbei, das Underhuset liegt etwas nach hinten /oben versetzt auf der gegenüberliegenden Seite.

- Anitas Sjømat, Sakrisøy, 8390 Reine, ☏ +47/90 06 15 66, 💻 www.sakrisoy.no, Mi-So 12:00-15:00, auch Verkauf von frischem Fisch
- Underhuset Sakrisøy Rorbuer, Sakrisøy, 8390 Reine, ☏ +47/94 13 65 01, Zeiten erfragen

31 Zum Brunakseltinden und Bunesstrand

Tour für Berg- und Strandliebhaber

Allein schon die Fahrt mit dem Schiff in den Reinefjorden ist ein Erlebnis. Dann erwartet Sie die schöne, nicht allzu schwierige Gipfelwanderung zum Brunakseltinden. Ein Highlight ist auf alle Fälle der Bunesstrand. Hier sieht es fast aus wie in der Karibik – nur die Temperaturen sind anders und die Palmen fehlen.

Start/Ziel: Schiffsanlegestelle in Vinstad, GPS N 67°57.441' E 013°00.300'

9,5 km

4 Std. 30 Min.

584 m/584 m

1-444 m

Die komplette Tour ist nicht markiert, aber gut zu finden.

Mittelschwere Tour, ohne ausgesetzte Stellen. Der Aufstieg zum Pass führt über Felsplatten, die bei Nässe rutschig sind.

gemütliches Café in Vinstad in der Nähe der Schiffsanlegestelle am Start/Ziel, keine weitere Einkehrmöglichkeit unterwegs

keine Rastplätze, aber schöne Sitzmöglichkeiten am Sattel über dem Strand (km 2,3 und 7,1), am Strand (km 6,2) selbst und am Gipfel (km 3,8)

Bademöglichkeit am Bunesstrand

Für Kinder empfiehlt es sich, direkt zum Strand zu wandern. Da kann man schön spielen. Der Gipfel ist teilweise etwas steil und nur größeren Kindern zu empfehlen.

Die Tour ist für Hunde geeignet, sie sind allerdings anzuleinen.

P Parken an der Ablegestelle des Schiffes in den Reinefjorden in Reine.

Für die erste Fähre bildet sich im Sommer oft schon ab 8:30 eine Warteschlange. Teilweise legen Boote bereits vor der Fahrplanzeit ab. Das Rückfahrticket sollten Sie gleich kaufen. Hin- und Rückfahrt kosten NOK 25. Rückfahrzeiten erfragen! Weitere Informationen unter www.reinefjorden.no

Die Buslinie 18-742 fährt mehrmals täglich von Leknes nach Å mit Haltestelle in Reine. Von dort sind es nur wenige Meter zur Bootanlegestelle.

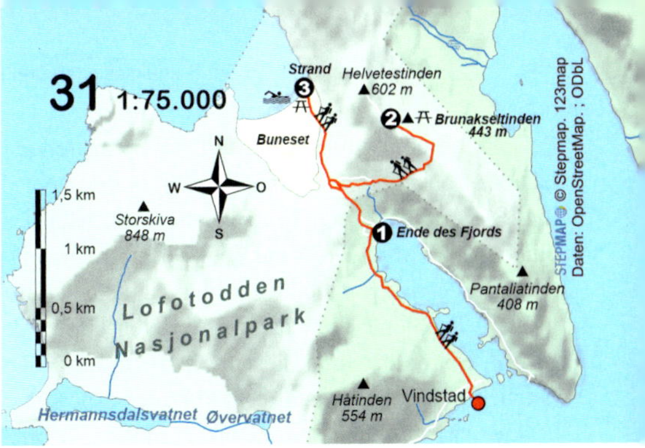

Von der Schiffsanlegestelle in Vinstad wandern Sie am ☕ Café (Kontakt und 🚪 Zeiten ungewiss) vorbei und folgen der breiten Schotterstraße bis zum Ende des Fjords. Unterwegs haben Sie schon die ganze Zeit einen tollen Blick auf den späteren Aufstiegsweg zum Brunakseltinden und auch der etwas höhere Helvetestinden beeindruckt.

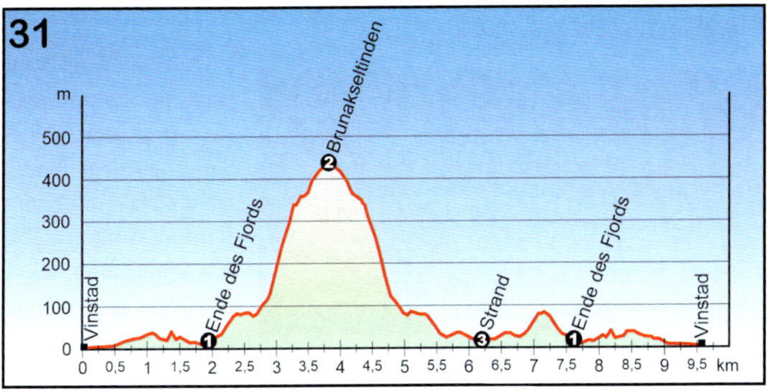

Am **Ende des Fjords ❶** schickt Sie ein Hinweisschild nach links hinauf. Der Steig zieht durch das Wiesengelände am Friedhof vorbei. Der kurze Anstieg ist schneller geschafft, als Sie zu Beginn erwarten. Kurz bevor Sie auf den Bunesstrand blicken würden, markiert ein Steinmann den Abzweig nach rechts in Richtung Gipfel. Da Sie zuerst den Gipfel besuchen, entscheiden Sie sich für den Abzweig. Der nette Weg führt zuerst leicht auf- und absteigend durch eine blockdurchsetzte, sehr malerische Wiesenlandschaft. Das Gelände wird immer steiler und Sie folgen den deutlichen Steigspuren bergauf. Zwischendurch müssen Sie ein paar steile

Felsplatten überwinden, was teils recht anstrengend und schweißtreibend ist. Bei trockenen Verhältnissen gelingt dies aber dann doch ohne Probleme. Sie erreichen den weiten Sattel unterhalb des Gipfels und genießen einen traumhaften Blick auf den Kjerkfjorden.

Nun wenden Sie sich nach links und steigen mit den Steigspuren ohne größere Probleme zum nicht zu breiten Gipfel des **Brunakseltinden ❷** hinauf. Selten hat man diesen Gipfel für sich alleine, bietet er doch eine herrliche Sicht und einen recht kurzen Anstieg.

Die Aussicht von hier oben ist grandios. Sie blicken über den Reinefjorden und sehen rechts davon den mächtigen Hermannsdalstinden. Beeindruckend ist auch der Tiefblick hinunter auf den Kjerkfjorden. Der Weiterweg zum Helvetestinden sieht verlockend aus. Der Weg ist aber sehr ausgesetzt und daher nicht ungefährlich. Daher begnügen Sie sich lieber mit dem Brunakseltinden und genießen Ihre Gipfelpause und die atemberaubende Aussicht.

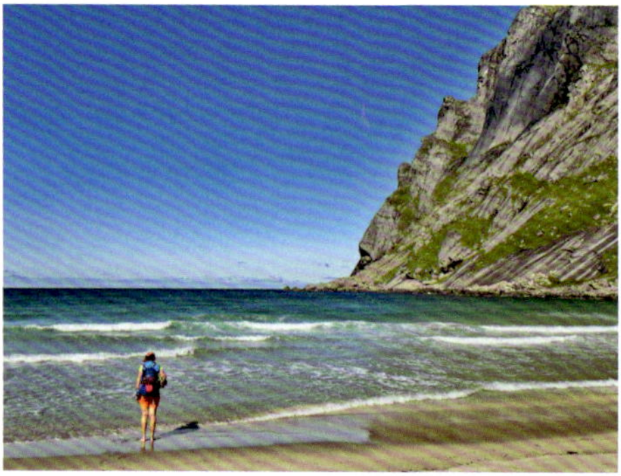

Barfuß am Bunesstrand

Anschließend wandern Sie am Anstiegsweg über den weiten Sattel, an dem Sie ein letztes Mal zum Kjerkfjorden hinuntergukken können, zurück in den Sattel oberhalb des Bunesstrandes. Nun unternehmen Sie noch einen Abstecher hinunter zum **Strand ❸**. Sie biegen vor dem Erreichen des Hinweges nach rechts ab und folgen den deutlichen Steigspuren hinunter zum weiten Sandstrand. Beeindruckend zeigt sich hier die Granitwand des Helvetestinden. Bei warmen Temperaturen lädt das Meer zum Baden ein.

Danach spazieren Sie zurück in den Sattel und weiter hinunter nach Vinstad. Beim Warten auf die Fähre können Sie noch im kleinen ☕ Café einkehren.

32 Zum Reinebringen über dem Reinefjorden

Tour für Liebhaber von Himmelsleitern

Der Weg zum Reinebringen ist wohl die beliebteste Tour auf den Lofoten. Wir haben uns lange überlegt, ob wir den Reinebringen aufnehmen. Der Anstieg ist relativ kurz und bei unserem ersten Besuch war er auch noch ziemlich gefährlich, gerade bei Nässe. Inzwischen gibt es eine massive Steintreppe, die von Nepali gebaut wurde, bis kurz unter die Scharte. Daher ist der Anstieg deutlich einfacher geworden. Die Aussicht ist atemberaubend, und wenn Sie in Reine sind, müssen Sie auch einmal auf dem Reinebringen gestanden haben.

- ⇆ Start/Ziel: Brücke vor Reine, GPS N 67°55.692' E 013°05.040'
- 3,3 km
- 2 Std. 45 Min.
- ↑↓ 431 m/431 m
- ⇧ 21-452 m

Blick auf den Reinebringen

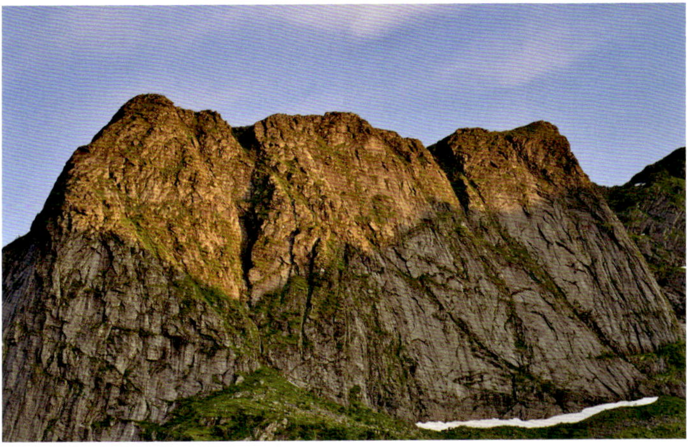

✎ Orientierung problemlos, keine Markierungen

Gute Steintreppe bis kurz unter die Scharte. Dann folgen Steigspuren in die Scharte und zum Gipfel, die bei Nässe schnell ungemütlich werden. Auch auf der nassen Treppe kann man ausrutschen. Die Treppe soll noch bis in die Scharte gebaut werden.

keine Einkehrmöglichkeiten unterwegs, aber nettes Café in Reine

Unterwegs stehen an der Treppe immer wieder Bänke zum Durchschnaufen. Schöne Sitzmöglichkeiten am Sattel (km 1,5) und auf dem Gipfel (km 1,6).

Für trittsichere Kinder möglich. Man sieht häufig auch viele kleine Kinder, dafür ist das Gelände aber deutlich zu steil.

Von der Mitnahme von Hunden raten wir ab. Auch wenn Menschen ihre Hunde mitnehmen, die großen Steinstufen sind sehr anstrengend und müssen auch bergab absolviert werden.

P Parkmöglichkeit an der Brücke vor Reine

Die Buslinie 18-742 fährt mehrmals täglich von Leknes nach Å mit Haltestelle in Reine. Die Bushaltestelle ist direkt vor dem Straßenabzweig von der E10 in der Nähe des Parkplatzes.

Am Beginn der Treppe des Reinebringen

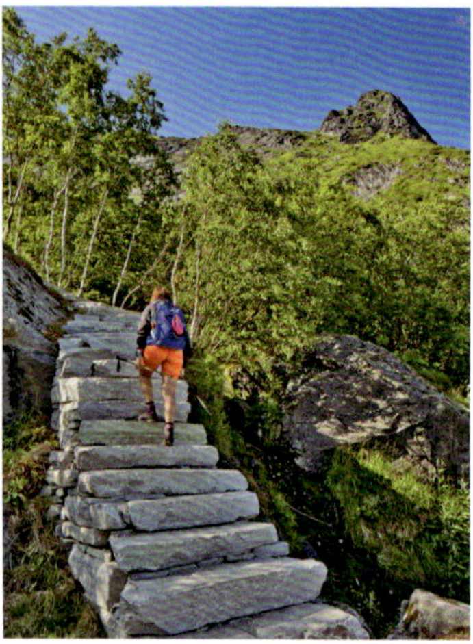

Von der Brücke folgen Sie dem schattigen Pfad links neben der E10 in Richtung Moskenes. Sie umgehen den Tunnel auf der linken Seite auf einem breiten Schotterweg. Eine Zeit lang wandern Sie am Hang entlang, bis Sie rechts die Steintreppe in Richtung Reinebringen sehen. Der alte Aufstieg zum Reinebringen ist kurz davor mit Birken dicht gemacht, da er nicht mehr genutzt werden soll. Hier an der **Treppe** ❶ biegen Sie nach rechts ab und beginnen den Anstieg. Das Gelände ist gleich ordentlich steil und bald sehen Sie auch die Steintreppe weit oben in

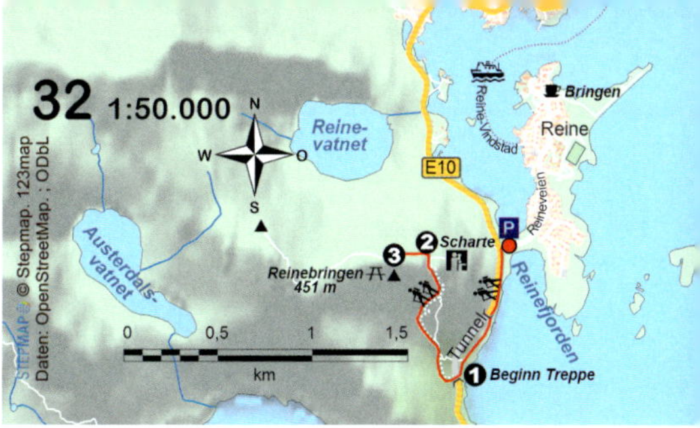

Richtung Gipfel ziehen. Bei einem Absatz verflacht der Weg ein wenig und quert ein Stück nach rechts. Kurz hören die Steinplatten auf, dann beginnt die Treppe wieder. Durchgängig anstrengend ziehen die Stufen in die Höhe. Die Aussicht wird immer eindrucksvoller, das Gelände fällt dabei aber auch sehr stark ab. Immer wieder finden sich Steinbänke am Rand, die zum Durchschnaufen einladen. Die Treppe bringt Sie bis kurz unter die Scharte. Ab hier führen nun nur noch Steigspuren hinauf in die **Scharte ❷**. Bei Nässe ist es hier schnell ungemütlich. Von der Scharte genießen Sie einen traumhaft schaurigen Tiefblick auf Reine und den Reinefjorden. Das ist wirklich ein Logenplatz hier.

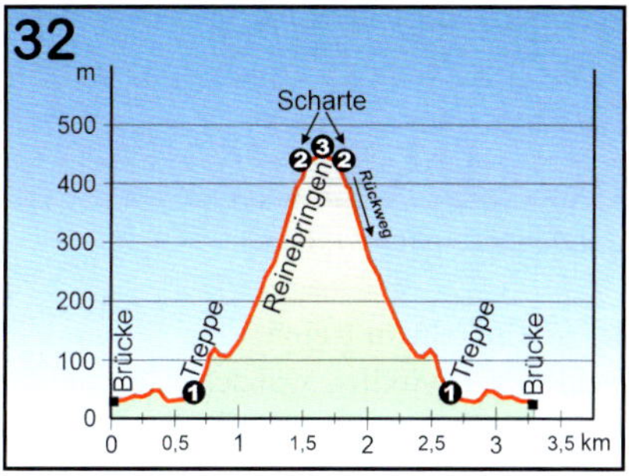

Wer noch weiter aufsteigen möchte, wendet sich nach links und wandert mit den Steigspuren bis zu einem Gipfel des **Reinebringen ❸**. Hier oben ist die Aussicht fast noch eindrucksvoller, zudem sind hier eher weniger Menschen.

Auch wenn noch weitere Steigspuren über den Grat zum nächsten Gipfel führen, sollten Sie von diesem Vorhaben ablassen. Der Weiterweg ist ziemlich schmal, ausgesetzt und gefährlich.

Für den Abstieg steigen Sie wie beim Anstieg zuerst vorsichtig über die Scharte zurück zu den Treppenstufen. Jetzt heißt es, in einem schönen Rhythmus absteigen bis zur Schotterstraße. Weiter wandern Sie dann entlang der Straße zum Parkplatz.

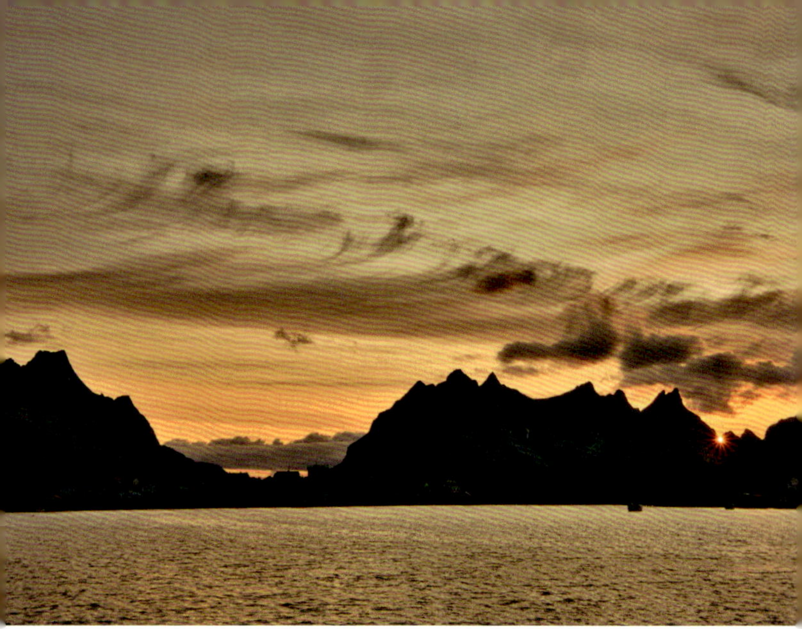

Sonnenuntergang in Reine

☕ Einkehr in Reine

Reine liegt wirklich wunderschön, die bunten Holzhäuschen, der blaue Reinefjorden und die gewaltigen Berge geben eine herrliche Kulisse. Deshalb sollten Sie nach der Tour zum Reinebringen unbedingt im Ort noch einkehren.

♦ Bringen Kaffebar, 8390 Reine, ☏ +47/76 09 13 00, 💻 www.facebook.com/bringeninterior/?rf=202425873164102, Zeiten erfragen

33 Drei Gipfel am Moskenesvatnet

Tour für Liebhaber herrlicher Gipfelerlebnisse

Während die meisten Wanderer von Sørvågen zur Munkebuhütte ansteigen, liegen die Gipfel um den Merraflestinden etwas im Schatten. Zu Unrecht! Die Runde ist landschaftlich sehr schön, nicht allzu lang und wartet mit drei wirklich großartigen Gipfeln auf. Gekrönt wird die Tour vom Moskenesvatnet, einem herrlichen See, den Sie umwandern.

Start/Ziel: Parkplatz hinter Sørvågen, GPS N 67°53.456' E 013°00.620'

8,1 km

5 Std.

718 m/718 m

22-499 m

Es gibt keine Markierungen auf der Runde. Nur der Beginn des Weges in Richtung Munkebuhütte ist markiert.

Mittelschwere Wanderung – nur der Weg zum Gylttinden ist schwer (kann aber ausgelassen werden). Der erste Anstieg in den Sattel ist oft ziemlich feucht, genauso wie der Abstieg am See. Es gibt Versicherungen beim Abstieg vom Kollfjellet. Am Gipfelaufbau am Gylttinden sind die letzten Höhenmeter sehr steil und etwas ausgesetzt.

keine Einkehrmöglichkeiten unterwegs, stattdessen Einkehr in Sørvågen im Trygdekassen Galleri Og Kafe (500 m vom Parkplatz)

keine Rastplätze, aber schöne Sitzmöglichkeiten am Sattel (km 1,9) und auf den Gipfeln (km 3,3-4,2 und 6,4)

Der Weg ist für Kinder aufgrund der steilen Passagen beim Abstieg nicht geeignet.

Der Weg kann mit Hunden begangen werden. Den Weg zum Gylttinden würden wir dann aber auslassen. Beim Abstieg bitte in den steilen Passagen mit Hunden vorsichtig sein.

P Parkplatz hinter Sørvågen, Ausschilderung in Richtung Munkebuhütte

Die Buslinie 18-742 fährt mehrmals täglich von Leknes nach Å mit Haltestelle in Sørvågen, die sich etwas südlich des Parkplatzes befindet.

Vom Parkplatz in Sørvågen wandern Sie auf dem Schotterweg links am Sørvågvatnet vorbei. Deutliche Pfeile leiten über Felsplatten hinauf zu einem Rücken. Links vom Weg erblicken Sie märchenhafte, kleine Wasserfälle, die vom Stuvdalsvatnet herunterkommen.

☺ Hierher lohnt sich auch ein Abstecher, wenn man nicht die ganze Runde machen möchte.

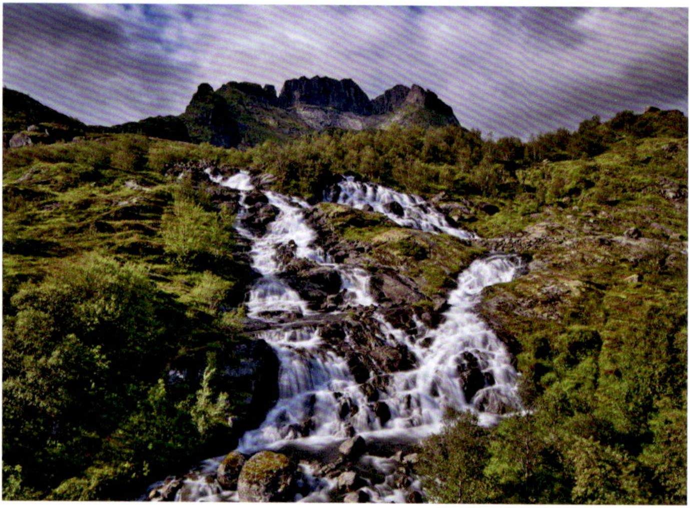

Wilde Wasser oberhalb des Parkplatzes

Der gute Steig führt hinauf zum See Stuvdalsvatnet. Am rechten Ufer spazieren Sie an diesem entlang bis zu einer Hütte auf der rechten Seite. Hier befindet sich ein großer Felsblock, an dem Sie nach rechts abzweigen. Der Steig zieht bergauf durch den lichten Birkenwald in den Sattel zwischen Kollfjellet und Kjølen. Hier genießen Sie erst einmal die großartige Aussicht auf die umliegenden Seen. Am Sattel wenden Sie sich nach links und steigen auf gutem Steig über den Rücken hinauf zum Kjølen.

Die Aussicht wird immer großartiger. Auch der Steig zur Munkebuhütte ist gut zu erkennen. Sie wandern über den breiten Rücken hinauf zum Südgrat des **Merraflestinden ❶**. Der Weg ist gut zu begehen, nur die letzten Meter führen über einfache Felsblöcke.

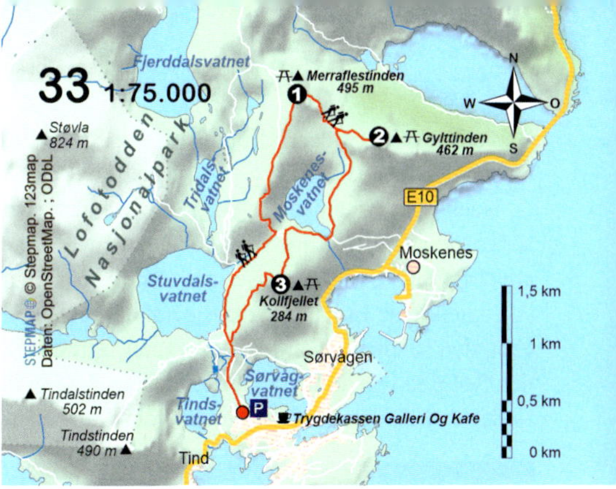

Vom Gipfel genießen Sie eine grandiose Aussicht auf das Meer und den tief unter Ihnen liegenden Djupfjorden. Vielleicht sehen Sie ja auch einen Seeadler seine Kreise ziehen?

Nach der Gipfelpause wandern Sie über den Südostgrat in den Sattel vor dem Gylttinden. Nun können Sie diesem steilen Gipfel noch einen Besuch abstatten.

☞ Der Weg ist allerdings deutlich schwieriger als die restliche Runde.

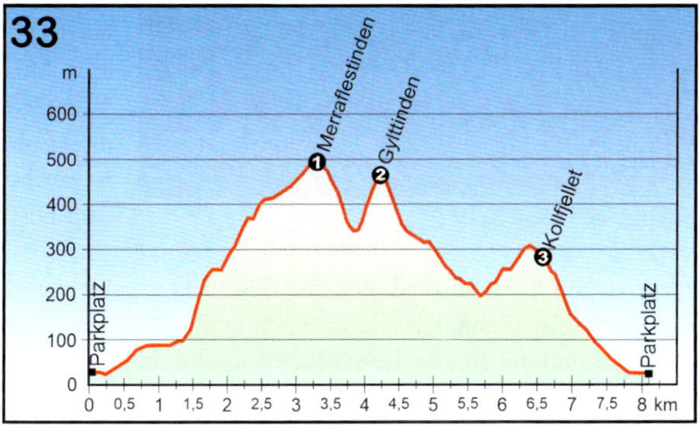

Sie wandern entlang des Grats in Richtung Gipfelaufbau. In vielen Kehren schlängelt sich der Steig steil hinauf bis unter den letzten Steilaufschwung. Ein Seil, das an einer jungen Birke befestigt ist, markiert den Beginn der Schwierigkeiten. Vorsichtig kraxeln Sie auf dem schmalen Steig im abschüssigen Grasgelände hinauf zum Gipfel des **Gylttinden ❷**, der von einem Steinmann geschmückt wird. Hier oben gibt es überraschend viel Platz, sodass Sie sich Ihre Gipfelbrotzeit schmecken lassen können.

Beeindruckend ist der Tiefblick auf Sørvågen. Im Süden erkennen Sie die Felsen der Insel Værøya.

Nach der Gipfelpause steigen Sie vorsichtig zurück in den Sattel zwischen den beiden Gipfeln. Nun nehmen Sie den Steig, der nach links abwärtsführt. Über teilweise sehr sumpfiges Gelände wandern Sie bis kurz vor eine kleine Erhebung, die Sie auf der rechten Seite umgehen. Sie erreichen den schönen See Moskenesvatnet. Auf der Südseite spazieren Sie um den See und wandern nun auf schmalem Pfad in den Sattel zwischen Kollfjellet und Kjølen, den Sie bereits vom Aufstieg kennen.

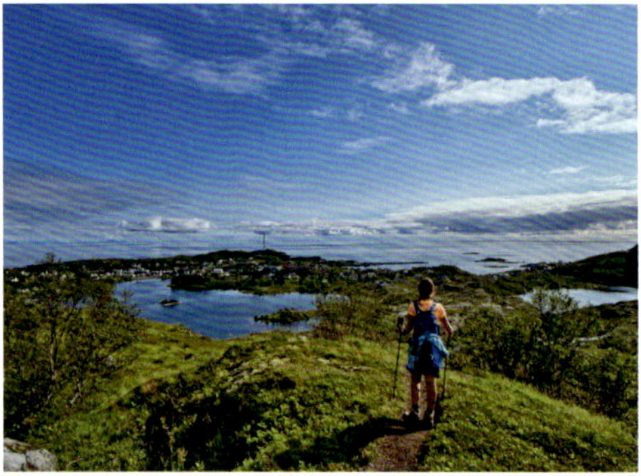
Abstieg vom Kollfjellet

Jetzt biegen Sie nach links ab und steigen hinauf auf das breite Plateau des **Kollfjellet ❸.** Hier oben bewundern Sie noch einmal eine herrliche Aussicht auf Sørvågen und Værøya. Der Gipfel direkt über Sørvågen ist der beeindruckende Tindstinden.

Nach der Gipfelpause folgen Sie dem Pfad abwärts. Geschickt windet sich das Steiglein zwischen Felsen hindurch und verliert so schnell an Höhe. Ein paar steile Passagen sind mit soliden Eisenketten abgesichert. Sie erreichen den Weg zur Munkebuhütte kurz vor den Wasserfällen. Auf dem vom Hinweg bekannten Wanderweg spazieren Sie links zurück zum Parkplatz.

Einkehr in Sørvågen

Direkt an der E10 liegt in Sørvågen dieses kleine Café, das leckere Kuchen anbietet. Sie können hier auch wunderbar frühstücken.

♦ Trygdekassen Galleri Og Kafe, 8392 Sørvågen, ☏ +47/41 50 22 95, Mo-Fr 9:00-16:00, Sa, So 11:00-16:00

34 Zum Andstabben über Å

Tour für Liebhaber wilder Tiefblicke

Steil erhebt sich der Andstabben über dem Örtchen Å. Der Tiefblick vom Gipfel auf die Häuser und das Meer ist wirklich beeindruckend. Diese Aussicht müssen Sie sich allerdings erarbeiten. Eine steile Rinne und ein etwas ausgesetztes Gipfeldach bringen Sie hinauf zum Gipfel. Eine eindrückliche und nicht allzu lange Tour ganz im Süden der wilden Insel Moskenesøya.

Start/Ziel: Parkplatz bei Å, GPS N 67°52.827' E 012°58.713'

4,1 km

3 Std.

449 m/449 m

19-431 m

keine Farbmarkierungen, teilweise aber sehr gut mit Steinmännern markiert

Mittelschwere Wanderung auf gutem Steig. Im unteren Bereich ist es aufgrund der vielen Wege etwas unübersichtlich. Der zwischenzeitliche Aufstieg zum Gipfeldach ist sehr steil und erfordert an zwei Stellen die Benutzung der Hände. Nicht bei Nässe gehen.

keine Einkehrmöglichkeiten unterwegs, stattdessen Einkehr in der Nähe des Ausgangspunktes in Å im Café bzw. der Bäckerei im Museum

keine Rastplätze, aber schöne Sitzmöglichkeiten am Aussichtspunkt zu Beginn der Wanderung (km 0,3 und 3,8) und am Gipfel (km 2,1)

Der Weg ist für Kinder aufgrund der steilen Passagen nicht geeignet.

Der Weg wird für Hunde nicht empfohlen.

Parken Sie direkt am Ende der E10 bei Å, nach dem Tunnel auf der linken Seite.

Die Buslinie 18-742 fährt mehrmals täglich von Leknes nach Å bis zum Ausgangspunkt.

Vom geräumigen Parkplatz überqueren Sie die Straße. Hier beginnen Pfade, die in westlicher Richtung hinauf zum **Litlandstabben** ❶ oberhalb des großen Sees Ågvatnet führen. Dabei gibt es verschiedene Möglichkeiten, die alle am kleinen Aussichtspunkt enden. Von diesem Aussichtspunkt

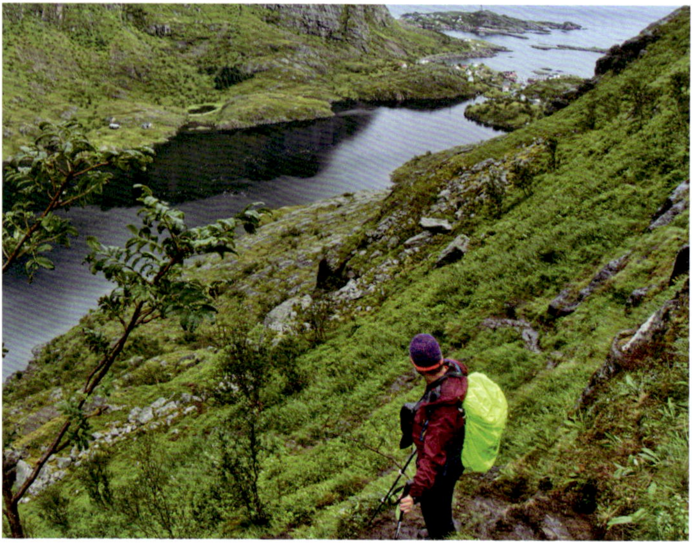

Steil zieht das Gelände nach oben

genießen Sie eine wunderbare Aussicht auf das Meer mit der Ortschaft Å. Sie wandern auf dem Pfad in nordwestlicher Richtung in einen Sattel hinunter.

Der direkte Abstieg über eine kleine Felsstufe ist ziemlich steil, etwas weiter rechts ist es bequemer. Ab hier gibt es zwei Möglichkeiten. Sie folgen dem deutlich sichtbaren Pfad über den Buckel auf der anderen Seite des Sattels. Auf Steigspuren spazieren Sie entlang von Steinmännchen leicht abwärts.

Bis zu einem großen Steinmann wandern Sie unterhalb einer Felsmauer auf der linken Seite. Nun geht es nach links bergauf, bis die Steinmännchen oberhalb der Felsmauer nach rechts ziehen.

↳ Hierher gelangen Sie auch, wenn Sie vom Sattel die kleine Anhöhe auf der linken Seite umgehen und im nächsten Sattel nach links bergauf gehen. Ein etwas undeutliches Steiglein bringt Sie am Hang entlang zur bereits erwähnten Stelle.

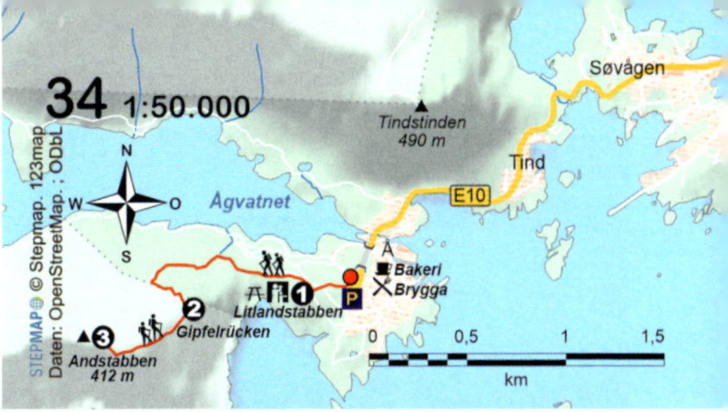

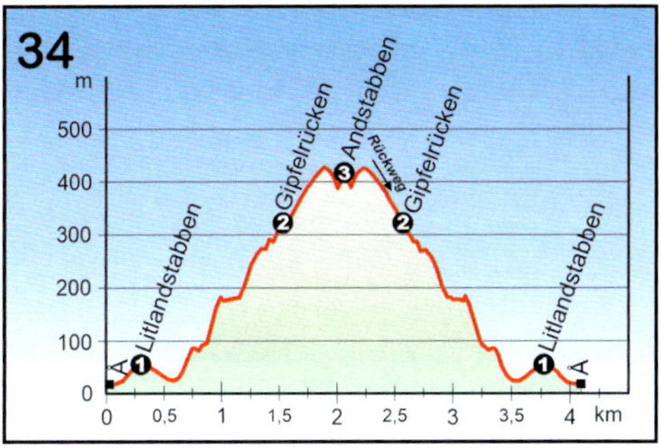

Nun wandern Sie über die mit Steinmännchen markierten Steigspuren aufwärts. Sie durchqueren eine Geröllhalde und gehen weiter nach links zu einem Steilaufschwung. In einer felsigen Rinne benötigen Sie zur Fortbewegung an zwei Stellen kurz die Hände. Der gesamte Abschnitt ist ziemlich steil und fordert unbedingt trockene Verhältnisse und Trittsicherheit. Bei Nässe und Regen befindet sich hier ein kleiner Bach mit Wasserfall. Dort, wo das Gelände abflacht, können Sie ein wenig durchschnaufen. Der gute, aber immer noch steile Pfad nimmt Sie nun mit nach links hinauf zum breiten **Gipfelrücken ❷**. Beeindruckend ist der Tiefblick zum Meer und zum See Ågvatnet. Über den Rücken gehen Sie ohne große Probleme hinauf zum Gipfel des **Andstabben ❸**. Lediglich eine kurze Stelle führt nahe an den Abgrund heran und erfordert etwas Vorsicht. Ansonsten ist der Gipfelaufstieg einfacher als der Anstieg auf den Rücken.

Hier oben setzen Sie sich ins Gras und bewundern die prächtige Aussicht auf die umliegenden Berge, den See Ågvatnet und das Meer mit der malerischen Ortschaft Å mit ihren bunten Häuschen.

Nach der Gipfelpause gehen Sie wieder vorsichtig zurück zur Felsstufe und klettern über diese hinunter. Der Abstieg ist deutlich einfacher, als gedacht. Entlang der Steinmännchen wandern Sie auf bekanntem Weg zurück zum Parkplatz bei Å.

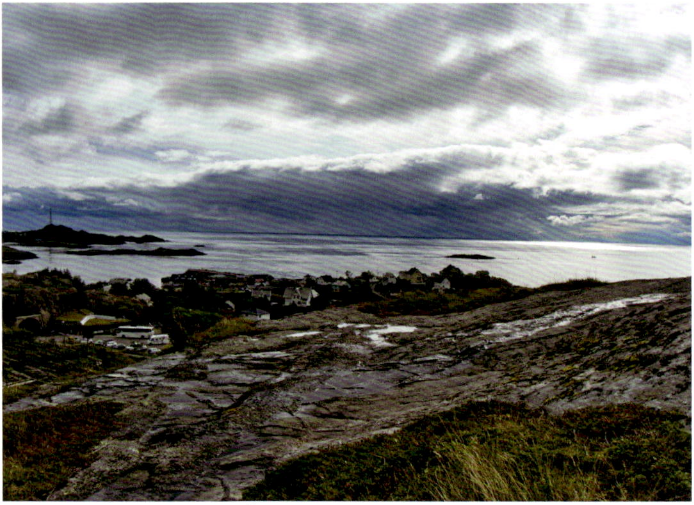

Blick zu den Häusern von Å

⌘ Freilichtmuseum in Å i Lofoten

Å ist der südlichste Ort auf Moskenesøya und befindet sich direkt am Ende der E10. Das Örtchen mit den bunten Häusern gilt als großes Freilichtmuseum, in dem Sie das Leben in einem Fischerdorf auf den Lofoten wie in alten Zeiten erleben können.

Einkehr in Å

Im Fischerdorfmuseum ist die alte Bäckerei immer noch in Betrieb, das leckere Gebäck sollten Sie unbedingt nach Ihrer Wanderung probieren. Im Bryyga Restaurant lohnt eine Einkehr für ein Mittag- oder Abendessen.

Bakeri im Fischerdorfmuseum, Å i Lofoten, 8392 Sørvågen, ☏ +47/76 09 14 88, www.museumnord.no/en/norwegian-fishing-village-museum, Sep-Mai Mo-Fr 10:00-15:00, Sa 11:00-15:00, Juni-Aug tgl. 9:00-19:00

Brygga Restaurant, Å i Lofoten, 8392 Sørvågen, ☏ +47/76 09 15 72, Mo-So 12:00-22:00

Für Ihre Notizen

Für Ihre Notitzen

Buchtipps aus dem Conrad Stein Verlag

Island: Trekking-Klassiker

Erik Van de Perre
OutdoorHandbuch Band 028
Der Weg ist das Ziel
288 Seiten ▸ 113 farbige Abbildungen
27 farbige Karten ▸ 23 farbige Höhenprofilee

ISBN 978-3-86686-411-5

>> **welikebooks.de:** „Wer einen Wander – oder Trekkingurlaub auf Island plant, sollte sich dieses Buch definitiv ansehen."

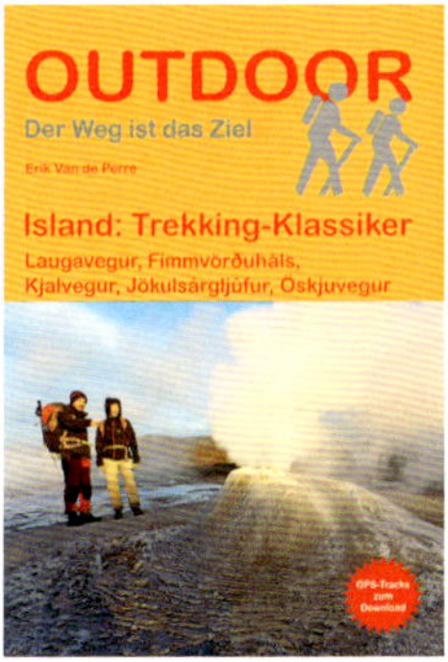

Finnisch-Lappland

Bettina Dauch
OutdoorHandbuch Band 348
Regional
156 Seiten ▸ 78 farbige Abbildungen
29 farbige Karten ▸ 17 farbige Höhenprofile

ISBN 978-3-86686-359-0

>> **finnweh.de::** *„Mit sehr viel Liebe zum Detail und Freude am Wandern geschrieben"*

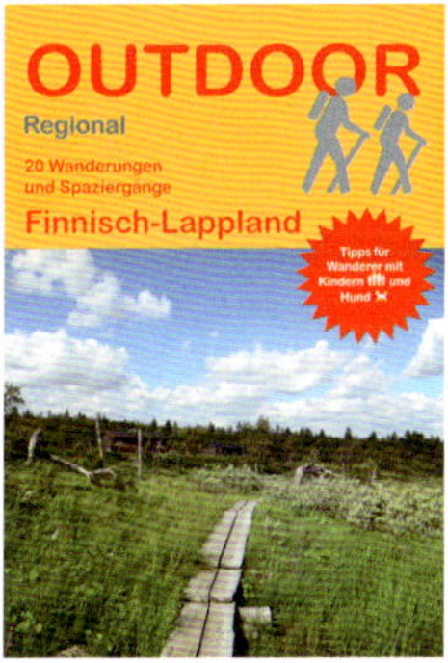

Wintercamping in Nordskandinavien

Dirk Heckmann
OutdoorHandbuch Band 453
Der Weg ist das Ziel
192Seiten ▸ 53 farbige Illustrationen
9 farbige Karten und 3 Länderkarten

ISBN 978-3-86686-641-6

>> **NordCamper:** *„Dass sich Reisen nach Skandinavien mit dem Wohnmobil nicht nur für den Sommerurlaub eignen, beweist dieser Reiseführer."*).

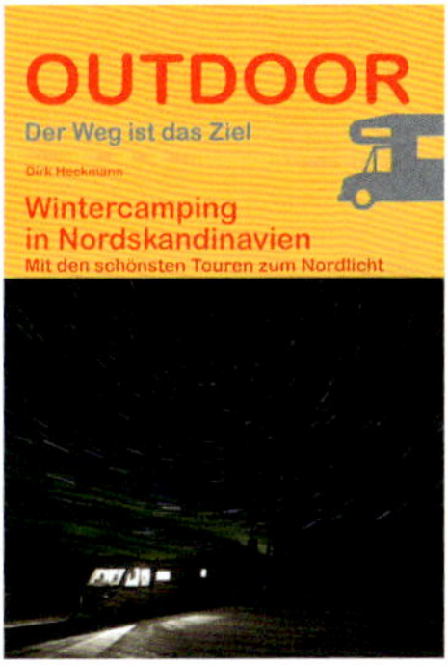